嘉庆传

[英]亚历山德拉·埃瑟德雷德·格兰瑟姆
(Alexandra Etheldred Grantham)
著

张春颖 译

中央编译出版社
Central Compilation & Translation Press

图书在版编目（CIP）数据

嘉庆传 /（英）亚历山德拉·埃瑟德雷德·格兰瑟姆著；张春颖译． -- 北京：中央编译出版社，2023.9
ISBN 978-7-5117-4462-3

Ⅰ.①嘉… Ⅱ.①亚… ②张… Ⅲ.①嘉庆帝（1760-1820）- 传记 Ⅳ.① K827=49

中国国家版本馆 CIP 数据核字 (2023) 第 130381 号

嘉庆传

图书策划	张远航
责任编辑	哈 曼
责任印制	刘 慧
出版发行	中央编译出版社
地　　址	北京市海淀区北四环西路 69 号（100080）
电　　话	（010）55627391（总编室）　（010）55627319（编辑室）
	（010）55627320（发行部）　（010）55627377（新技术部）
经　　销	全国新华书店
印　　刷	北京汇林印务有限公司
开　　本	850 毫米 ×1168 毫米　1/32
字　　数	150 千字
印　　张	9.75
版　　次	2023 年 9 月第 1 版
印　　次	2023 年 9 月第 1 次印刷
定　　价	69.80 元

新浪微博:@中央编译出版社　微信：中央编译出版社（ID：cctphome）
淘宝店铺：中央编译出版社直销店（http：//shop108367160.taobao.com）
　　　　　（010）55627331

本社常年法律顾问：北京市吴栾赵阎律师事务所律师　闫军　梁勤
凡有印装质量问题，本社负责调换。电话：（010）55626985

译者序

1912年，剑桥大学出版社出版了英国外交官、著名汉学家翟理斯（Herbert Allen Giles）撰写的《中国和满人》（*China and the Manchus*）一书，该书对清朝历代皇帝都有记述。1934年，另一位著名的汉学家、曾担任溥仪老师的庄士敦（Reginald Fleming Johnston）撰写出版的《紫禁城的黄昏》（*Twilight in the Forbidden City*）则成为当年的畅销书，同年再版三次。而这一年由英国伦敦的艾伦与昂温出版公司（George Allen & Unwin Ltd）出版的 *A Manchu Monarch: An Interpretation of Chia Ch'ing* 一书则是专门对清仁宗爱新觉罗·颙琰，即嘉庆皇帝的研究记述。按照英文的理解，这本书的名字可以直接翻译为《一个满族皇帝——对嘉庆的解读》，但在仔细通读了全书之后，译者认为将该书的名字译为《嘉庆传》似乎

更为合适。该书作者亚历山德拉·埃瑟德雷德·格兰瑟姆（Alexandra Etheldred Grantham）曾在中国旅居多年，著有《京畿笔谈》（*Pencil Speakings from Peking*）《青山依旧——中国历史图解》（*Hills of Blue: A Picture-Roll of Chinese History*）等作品。格兰瑟姆虽然没有翟理斯和庄士敦二人在汉学研究领域的影响大，但他撰写的这本嘉庆皇帝的传记在20世纪的西方人关于清朝皇室人物的记述中还是比较重要的一本著作，也可以让我们看到对嘉庆一生的另一种视角的解读。

这本书共分6章，作者从乾隆皇帝的最后岁月写起，引出了嘉庆独立统治清王朝的开端，从对内如何处理天理教之乱以及与朝臣之间的关系，到对外如何应对英国阿美士德使团的来访，再到他人生当中的最后一次狩猎，作者向我们描述了一个勤勉尽责但缺乏创新胆略，事必躬亲但谨小慎微，勤俭律己但优柔寡断的帝王形象。他虽想延续康乾盛世的繁荣，但仍难避免平庸的一生，而从嘉庆执政期间的内忧外患以及朝廷的应对情况来看，大清帝国的由盛转衰也反映了一种历史发展的必然趋势。

在本书的翻译过程中，得到了很多人的鼓励和帮助，在此一并表示衷心感谢。同时，还要特别感谢中央编译出

译者序

版社的编辑和审校人员,没有他们出色的工作,这本译作也难以完整而圆满地完成。

由于本书涉及内容广泛,译者在史实的梳理、中英文资料的相互比对印证方面下了很大功夫,但翻译中可能难免还存在不妥之处,恳请读者批评指正。

译者 张春颖
2022 年 6 月 · 北京

目　录

第一章　乾隆的最后岁月 / 001
　　皇帝肖像 / 039

第二章　独立统治的开端 / 057
　　清朝时期社会风俗图 / 089

第三章　平定叛乱 / 115
　　清朝中期宫廷、社会图景 / 161
　　清朝中期天津社会图景 / 185

第四章　大臣与皇亲 / 201

第五章　阿美士德使团 / 225

第六章　最后的狩猎 / 279

第一章
乾隆的最后岁月

第一章　乾隆的最后岁月

满族曾经是一个弱小的民族，分布在长白山脉一带，很久都不为外界所知。爱新觉罗·努尔哈赤成为这个部落的首领之后，面向中原方向的大明王朝立下了一个重誓——国仇家恨，不共戴天。这是努尔哈赤在满族一统中国的浩大史诗上写下的第一笔。

努尔哈赤出生于1559年，是爱新觉罗氏的第七代后裔。爱新觉罗家族是一个伟大而英雄的家族。传说一位少女在清澈的湖水中沐浴时，一只喜鹊飞来，将一枚绯红色的果实丢到了她的手中，她吃下后便神秘地怀上了身孕。这位少女生下的孩子便是努尔哈赤的始祖——爱新觉罗·布库里雍顺。除了喜鹊送子的传说，关于努尔哈赤祖先的传奇故事还有许多。传说努尔哈赤的始祖称自己是女真人通古斯部落的后裔。女真族于1115年征服了中国北方，建立了金王朝。金王朝的统治一直持续到1234年，这一年他们被成吉思汗领导的蒙古大军打败，几乎全军覆没。后来，成吉思汗的孙子忽必烈率军吞并了整个中原乃至中国最南端的南海诸岛。

以上这些都是努尔哈赤在成长过程中听说的关于自己家族历史的林林总总。然而这一切始终只停留在故事、歌

谣或族谱中,是满族男人在漫长的冬夜里谈论的永恒话题。他们不断地去回忆这些,反映出他们内心一个永富魅力的愿望,一个遥远而伟大的梦想——征服那个幅员辽阔、人口稠密、物产丰富,被金色暖阳笼罩的中原大地。这个梦想长久以来一直被搁置,仅仅被当成谈资而已。但是当一个具有征服力的伟大首领敢于带领族人将其转化为行动时,它就开始迸发出新的生机和活力。

努尔哈赤拥有征服中原的非凡勇气。虽然,努尔哈赤一生没有跨过长城,没能踏入山海关,但是他仅仅凭借祖上留下来的13副铠甲,就开启了几十年的征战生涯,将最初仅有的130名士兵发展壮大成为纪律严明的13万人的军队。从建州女真开始,他逐步统一了女真各部。满族人、蒙古族人、朝鲜族人,甚至包括一部分汉族人都甘愿充当"努尔哈赤的羽翼",与努尔哈赤并肩作战。

明朝政府一直利用汉人聚居的重要城镇——从朝鲜西北边陲至内蒙古东南边境的疆域作为抵御外敌入侵的第一道严密防线。经过艰苦的奋战,努尔哈赤占领了明朝这道防线最北端的城市——沈阳,后将其改名为盛京,并以此为都建起了宫殿和祖庙。1616年,努尔哈赤在赫图阿拉(今辽宁省新宾满族自治县)称汗,自称"承奉天命覆育

第一章　乾隆的最后岁月

列国英明汗"。这一称号是名副其实的,上天把努尔哈赤塑造得棱角分明,他拥有一副天生的帝王之相:贵族的鼻翼,方正的下巴,线条硬朗的嘴唇和顶级捕猎者的眼睛。尽管努尔哈赤最初来到这个世界上也许只是为了成为一个出色的猎人或战士,但是比起向受惊的猎物或者撤退的敌人拉弓射箭,他被赋予了更高、更艰巨的使命。他是一位优秀的政治家,一直坚守着遥远艰难的目标。

当"征服中原"的目标在努尔哈赤的脑海里扎下根时,他的欲望之火便开始熊熊燃烧:对权力的渴望,对壮大的渴望,对扩张的渴望。他不是为了个人而战,而是为了他的族人而战。然而努尔哈赤的族人懒惰、懦弱、愚蠢,随时有可能成为外族强盗眼中的完美猎物。因此,努尔哈赤必须改变他们,训练他们严守纪律、忠于职守、坚定信念、对首领绝对忠诚的品质,为实现"征服中原"的目标奋发图强。

努尔哈赤向目标迈进的第一步就是告天伐明。晚明政府统治黑暗,政治腐败。天命三年(1618年)四月十三日,努尔哈赤公开宣布"七大恨"讨明檄文,誓师伐明。他对明朝清算的"七大恨"当中最重要的是第一恨:"吾父、吾祖,于明帝边境,不折其草,不扰其土,而彼无故

生衅于边外,杀吾父、祖。"因此,复仇是努尔哈赤起兵伐明的重要理由,或许也只不过是一个托词而已。1626年,努尔哈赤驾崩。努尔哈赤把他的仇恨、野心以及他建立的八旗制度全部传给了他的儿子爱新觉罗·皇太极。皇太极果然不负众望,于1630年率领八旗军队一度成功地将明朝皇帝围困于皇城之内,但是最终因皇城防备严密、城墙高大坚固而被迫撤兵。十四年后,皇太极的第九子爱新觉罗·福临即位,定1644年为顺治元年。同年,皇太极的弟弟、摄政王多尔衮率领十万清军从盛京出发,开始了新一轮的伐明征战。山海关的守将吴三桂主动降清,打开了关门,迎接清军入关。入关之后,清军又轻松打败了李自成的"大顺"东征军。这一次,多尔衮只用了短短二十余日,就攻入了北京城,开启了清王朝对中国长达两百多年的统治。

  清朝统治者对国家的管理与明朝统治者不同。清朝统治者严禁太监干预朝政,律法严明,一直坚持"敬天、法祖、勤政、爱民"的治国纲领。在经历了一段艰难的过渡期之后,中国的数千万百姓,终于在新王朝的统治下安定下来,享受了近两个世纪的和平与繁荣。这个新王朝虽然陌生,但运转高效、有序。努尔哈赤的继任者为它取了一

第一章　乾隆的最后岁月

个伟大而纯洁的名字——"大清"。虽然这个王朝后来逐渐由盛转衰，但是在建立之初，还是无愧于这个名称的。中原文明源远流长，比起满族这个来自白山黑水的少数民族，文化要先进得多。因此，大清王朝的历代皇帝，始终都在致力于如何平衡这个无法解决的矛盾——统治者虽然拥有武装，但是无论在人数、文化还是制度方面，都远远不及被统治者。

大清王朝最伟大的皇帝是康熙帝和乾隆帝。康熙帝开创了"康乾盛世"，乾隆帝则将"盛世"推向了顶峰。他们是中国历史上在位时间最长的皇帝，康熙帝在位六十一年，乾隆帝在位六十年，他们所制定的政策也被后代的统治者所沿用。

到1795年为止，乾隆已经统治这个人口稠密、疆域广袤的国家长达五十九年了。这是一个历史上罕有的时代：命运被恒久眷顾；从过去继承的一切都得到了保存、传承和发展；现在的每一项强民富国的政策都取得了明显成效；为未来播种的一切都已经生根发芽，开花结果，并有望进一步发展壮大。乾隆虽然已是八十五岁的高龄，却仍然精力充沛，以至于两年前（1793年）率团出使清朝的英国使臣马戛尔尼伯爵曾经这样形容过他："一个高

贵无比的老绅士，依然健康，富有活力，看起来甚至还不到六十岁。"

尽管如此，乾隆仍然决定把统治国家的重任交给他的一个儿子，第二年就让他继承皇位。乾隆在一系列诏书中表明了他的这一不同寻常的意图："我们的国家最渴望的是和平，而四海之内的和平都是由懂得敬天爱民的统治者来维护的。朕二十五岁继承皇位时，曾经向上天祈祷，如果朕能够得到祖先之灵的庇佑，像朕的皇祖那样长寿，那么朕在位六十年时定当传位嗣子，归政退闲，不敢有逾皇祖纪年之数。如今，蒙上苍垂怜，朕已届八十五岁，仍然身康体健，尽享五世同堂的乐趣。故朕将于明年传位于嗣子。"在另一份诏书里，乾隆补充道："朕已统御天下整六十年。在这六十年里，朕崇敬上天，勤政爱民，从未懈怠，每一份重要奏折都亲自批阅。即使退位之后，朕也不会停止这样做。朕仍然会时刻关注朝政，并向朕的继任者传授治国之道。以后将由他批阅奏折，但必须先经朕过目。"

因此，乾隆所计划的其实是一种改良版的逊位，一种主动权和最终决定权都掌握在他手上的合作关系。他的继任者是资历尚浅的合作者，仅作为国家的象征或代表，履

第一章 乾隆的最后岁月

行礼仪性的职责。对于一个八旬老人来说，这些活动不论多么令人期待，都会让他疲惫不堪，力不从心，即使他看起来依然精神矍铄。

没有比这更好的安排了。像乾隆这样一个天生的统治者，他的人生当中有四分之三的时间都是在统治国家，即使他能够平静、坦然地接受人生角色的突然变化——只能以一个旁观者的身份坐在一旁，看着自己的继任者不知妥当与否地处理朝政。但是对于一个儿子来说，行使比自己父亲更大的权力是不可想象的事情。因为在中国人的传统观念中，家长的权威是至高无上的。因此，虽然他的继任者将会承袭皇帝的头衔，颁定新的年号，但是乾隆赋予了自己一个更高的头衔——太上皇帝。

在挑选皇储的方式上，立嫡立长不再是乾隆的首选原则。只有等级最低的嫔妃所生的皇子不在考虑范围之内，其余的所有皇子都有机会被选中。如果哪位嫔妃的儿子有幸继承皇位，这位母亲就很有可能会被封为皇后，无论是生前还是死后，都能得到封号。这一次也证实了这一点。在确定储君人选之后，乾隆亲手写下皇太子的名字，藏匣密封，放于乾清宫"正大光明"匾后。被乾隆选中的是皇十五子永琰（颙琰），他的母亲已经病逝多年。他的母

亲虽然出身不高，但是深得乾隆的宠爱，生前已贵为皇贵妃。乾隆六十年（1795年）九月初三，当乾隆宣布传位于永琰的同时，他的母亲果然也被追封为皇后。那一刻，整个朝廷的目光都集中在了永琰身上。他的妻妾和老师无不充满了骄傲、喜悦和期待；他的兄弟们在无可奈何之余，眼神里流露出淡淡的羡慕和失落；文武百官则有的充满期待，有的真心拥护；只有极少数人心生一丝疑虑，既说不出疑虑的原因，也说不出疑虑的道理。

早在乾隆五十四年（1789年），永琰就已经很讨乾隆的喜欢了，乾隆封他为和硕嘉亲王。如今的永琰已经三十六岁了，正处在已经播种完希望，等待收获梦想的年龄。在乾隆的严格要求下，皇子们的学习任务极其繁重。他们必须同时掌握两种语言——满语和汉语，还要学习蒙古语、数学和历史，并且要熟读圣贤的典籍，能够引经据典，出口成章。此外，皇子们还必须精通各种书法。即使书写的内容可能枯燥无味，但是单纯欣赏中国书法这门独特的艺术就足以赏心悦目了，当然这对于提高他们的绘画水平也大有裨益。无论皇子还是公主都会被悉心教授绘画的技法，因为人们意识到，画画是一种美好的享受，是一种高级的休闲方式，它能帮助人们从现实生活的种种烦

第一章 乾隆的最后岁月

恼和诱惑中解脱出来。吟诗作赋则是另一种常见的娱乐活动，尽管它可能只会产生大量毫无价值的韵文，但是作为一种脑力锻炼，它至少不会像填字游戏那样枯燥无味。练习骑马射箭则使皇子们的活泼天性得到了释放。他们的祖辈努尔哈赤和皇太极都是驰骋疆场的"马上皇帝"，因此八旗子弟必须自幼学习骑射。乾隆在京郊的南苑围场和热河（位于今河北省、辽宁省、内蒙古自治区交界地带）的木兰围场都会定期举行狩猎活动，这也是对皇子们骑射教学的检验。在多数情况下，皇子年满十五岁就会被安排婚配了。皇帝会为他们挑选合适的女子，她们要聪明、标致、优雅，受过良好的教育。她们肩负着双重使命：一是为皇室增添皇嗣，传递香火；二是管住皇子，防止他们不务正业、四处闲逛。除此之外，皇子们还要接受严格的仪典礼仪训练。中国古代帝王非常重视祭祀活动，祖先崇拜在中国封建社会的宗教传统中非常盛行，祭天、祭地、祭祖都要举行盛大的仪式。典礼举行之时，皇子们必须认真恪守各项礼仪原则，表现出源自内心的虔诚与敬畏。

除了绘画课，皇十五子永琰在其他所有课业上都显示出聪颖的天资。他勤奋好学，谦恭温顺，尊敬师长，细心懂事。事实上，自从永琰来到人世间的那一刻起，就再也

没有给任何人添过麻烦。只有在他出生之前,他将母亲和母亲的贴身宫女折腾了大半夜之后,才终于选择在凌晨两点至三点之间这样一个伸手不见五指、令人不安的时刻呱呱坠地。当他的母亲听到他第一声无助的啼哭时,已经被折腾得筋疲力尽了,但是一听到这个皮肤泛红的丑陋的小家伙是一个未来有机会继承皇位的小皇子,就立刻原谅了他。随着时间的推移,永琰身上的潮红慢慢褪去,无助的表情逐渐消失,嗷嗷的啼哭声也变成了口齿清晰的吐字发音,丑陋的婴儿长成了一个英俊的少年。他在十三岁时就已经会背诵五经,能通读古体诗和近体诗,还能写出值得一读的长篇佳作。他对历史也十分感兴趣,能够从中获得启迪,写出自己原创的诗歌与散文。当他继承皇位之后,他写的这些作品都被集结成卷,印刷出版。他的六十年人生经历也被陆续增加进来,最后共集结成整整40卷。宫廷史料对青年时代的永琰大为颂扬,将他树立为年轻人的楷模:"他整日都坐在书房里,研究政府的起源,探究古今兴亡成败的原因。他查阅大量史书,无论是严冬还是酷暑,都坚持勤奋学习,刻苦钻研,直到对过去三千年的政策全部谙熟于心。他住的地方几乎全都堆满了书。"

第一章 乾隆的最后岁月

也许正是这种勤勉好学使永琰深受父亲的喜爱,因为乾隆本人也是一名学者,一名狂热的诗人。为了表示对永琰的欣赏,乾隆还特意赐予他一块匾额,上面刻着"鹤落青松堂",象征天上的使者翩翩飞来,洁白的羽翼载着不朽的智慧,降临到永琰的身上。还有一点也让乾隆觉得永琰很像他,那就是永琰高超的射箭技术。乾隆特别重视满族的立国之本——弓马骑射,而永琰从小就严格依照祖制努力练习,技艺在诸皇子中首屈一指。在木兰秋狝的时候,乾隆常常会找机会称赞永琰的狩猎本领。乾隆喜爱皇十五子的第三个原因是永琰在各种祭祀典礼上,无时无刻不保持虔诚庄敬,显示了他谨慎稳重的秉性。为了检验永琰的实际管理能力是否也如他对理论知识掌握得那般全面,乾隆将京城的一些事务交给永琰管理。谋士家臣们在永琰的身边尽职尽责,皇冠的影子开始若隐若现,短暂而耀眼地闪烁在永琰对未来的憧憬当中。他始终兢兢业业,没有出过任何差错。

乾隆六十年(1795年)九月初三,王公大臣们聚集在勤政殿,永琰被正式立为皇太子。这对他来说是一个无比重大的转折时刻:现在他的地位已经凌驾于所有兄弟之上,而他的福晋喜塔腊氏和他们的孩子也自然排在了所有

福晋和皇孙之首。永琰和他的福晋每月的俸钱都增加了一倍，他们的住所也搬到了更豪华的宫殿中。除了保留为每位皇子都配备的 2 名侍卫之外，又为永琰专门增派了 3 名侍卫和 2 名骑兵侍卫，这些都暗示着他正在向皇位步步靠近。喜塔腊氏所乘坐的马车颜色也由原来的绿色变成了闪闪发光的金黄色，在很多重要的场合，她被特许佩戴已故皇后戴过的珍珠。这一切都让永琰夫妇喜不自胜，激动不已。由于宫中没有皇后，喜塔腊氏自然就成为后宫之中地位最高的女性了，她的喜悦之情自是溢于言表的。她的儿子也深受祖父和父亲的喜爱，未来有一天，巨大的福分很可能会继续降临到这个孩子的身上，而她作为孩子的母亲，也很可能会再次享受无上的荣耀。喜塔腊氏的儿子后来确实也继承了皇位，但那是在她去世之后的事情了，曾经对她来说无比重要的一切，在她故去之后都已经不再有任何意义了。当然，那是四分之一个世纪之后的事情了。

1795 年，一切都显得很平静。一位经验丰富的政治家仍然在掌舵帝国，未来的危险似乎遥遥无期，目前还只是处于萌芽阶段，只有极少数人能够深思远虑，并隐约预感到它们的存在。乾隆就是其中之一，他更想交给自己的继任者的是一个尽可能完美的政权。如果文武百官天真地

第一章 乾隆的最后岁月

认为乾隆即将进行的禅位意味着他放松警惕的话,那么他们很快就会知道自己大错特错了。恰恰相反,禅位只会进一步强化乾隆整饬吏治的决心和力度。很快,乾隆就在所有行政和司法部门进行了一次彻底的"大扫除"。在这些部门里,懒散懈怠、行贿受贿、任人唯亲和欺上瞒下处处可见,如同一张张灰色的蜘蛛网,聚集了大量的灰尘和蝇虫,阻碍了政府的车轮的顺利运转。乾隆坚持不懈的"大扫除",还真"扫"出了像爱新觉罗·伍拉纳案这样轰动朝野的贪腐大案。

爱新觉罗·伍拉纳是满洲正黄旗人,于乾隆五十四年(1789年)升任闽浙总督,这是省级行政机构中最高的官职了。然而,为了家族的利益,实际上还是为了一己私欲,他把疯狂敛财当成了总督的首要职责。伍拉纳认为只有这样,他和他的家人才能过上与总督身份相匹配的奢华生活。他利用多种途径达到敛财的目的,第一种也是最简单的途径就是挪用公款。然而福建当时正在遭受洪灾之苦,当地的财政状况就如同一头被挤干了奶的瘦奶牛,连一滴奶都不剩了。于是伍拉纳又想出了其他的方法,比如示意在他管辖范围内的各府州县主官出重金贿赂于他,他就可以对这些官员的渎职、过失甚至是犯罪行为睁一只眼

闭一只眼,尽管这才是他作为总督最重要的职责之一。

伍拉纳的另一条生财之道在他没升任闽浙总督之前就曾经探索过,那就是默许他的下属挪用藩库的官银去做赚钱的生意,而他则会从丰厚的利润中心安理得地拿走一部分。对于伍拉纳来说,在所有敛财方法当中最好的一个就是利用官府对盐务生产和经营的垄断权,从盐商身上榨取巨额佣金。他的一个前任曾经使用此法,榨取佣金5万两之多。伍拉纳在任期间则又设法让这个数字增加了两倍,榨取佣金高达15万两。乾隆接到奏报后,勃然大怒,下旨查抄他的家产,结果共查抄出二十八万四千三百两白银,九百两黄金,不计其数的珍珠、玉石和昂贵的长袍,以及价值六万多两的房产和田产。伍拉纳被押解回京,经乾隆亲自审讯后被判斩立决。朝廷还专门派了两个重要部门的高级官员去监督行刑的整个过程,这是为了让他们亲眼见证:尽管乾隆已经有八十五岁高龄,即将退位,但仍旧一丝不苟,意图在这样的皇帝手下肆无忌惮、贪赃枉法,会有怎样可怕的后果!中国古代有这样一种刑罚:一人犯罪,株连九族,就是因一个人犯罪,整个家族都要被诛杀,但在乾隆时期已经不像以前那样残酷了。因此,伍拉纳被处死之后,他的儿子只是被仁慈地剥夺了全部职

第一章 乾隆的最后岁月

务,流放到了中国西部边疆——伊犁。他们被强制反省父亲的罪行,这就足够他们打发余生了。最后,他们的父亲费尽心机积累起来的巨额财产被全部没收,上缴国库。

另一个案子远没有伍拉纳案严重,犯事的只是一个官阶很低的地方官员,但也让乾隆龙颜大怒。因为这个案子反映出的是下级官员玩忽职守和上级官员贪污腐化的严重问题,下级官员清楚地知道需要送多少贵重之物就能讨得上级的欢心。乾隆在一道措辞严厉的诏书中告诫道:"……只有百分之二十至三十的朝廷官员是绝对廉洁和绝对忠诚的""很多臣子在得知朕不久即将退位的消息之后,就开始敷衍了事、胆大妄为起来。他们最好不要再继续犯错。朕的继任者经由朕从早到晚的严格教导,会和朕一样勤政务实、夙夜在公。即使他一开始可能难以看穿这些臣子的伪装,但是只要上天赐予朕健康,朕就会继续处理朝政,而且会比以往任何时候都更加严厉地惩治这些腐败问题!"

最终,这个地方官员被判流放,并加罚重打四十大板。他的确犯了很多错,其中就包括给当地的总督送过一柄玉如意、一颗珍贵的皇室珍珠和一件龙袍,而这显然并非出于慷慨馈赠的目的。他送这些重礼所花的钱,也显然

不是通过正当渠道获得的。在他负责监管铁骑制造的短短一年内,就敛财高达5万两,而以往这个职位每年能捞到的油水最多也只有1万两。此外,该地方官员不仅贪得无厌,还严重自我膨胀。当他因公务前往省城时,竟然动用了3辆大马车,而像他这样级别的官员在出行时只应配备1辆马车。他还纵容手下在驿站寻衅闹事,致使当地的一名官员在制止骚乱、维持秩序时不幸丧生。

还有一位水师军官迫切想显示自己肃清海盗的坚定决心,但又苦于无法抓住真正的海盗,就扣押了一艘来往于福建和上海之间从事贸易活动的商船,并且逮捕了安分守己的船主。他拒收可以证明船主清白的文书,也拒绝听他的任何解释,给出的理由居然是他听不懂福建话,也不想麻烦其他人来翻译。如果不是一名高级军官看出了此案的端倪,这个水师官员已经计划好将包括船主和他的家人以及船员在内的12个无辜的人全部处死,然后再将此事谎报成一次成功打击海盗的行动。这位打错了如意算盘的军官原本只是被判流放边疆,但是已在位五十九年半的乾隆得知此事之后,顿时龙颜大怒,要求必须按照大清律例严惩这种严重的渎职行为,绝不能心慈手软,只有这样才能以儆效尤。最终,这个运气不佳

第一章 乾隆的最后岁月

的水师军官被改判斩首，2名与此案有牵连的低级军官被处以绞刑，还有2名责任较轻的军官则被戴上3个月刑枷镣铐，流放到边疆做苦役去了。

另一些官员所犯的错误相对比较轻微。有一位总督因成功镇压了几个海盗，急于邀功而得意忘形。他没有使用非紧急情况下应该使用的普通信使，却不惜耗费人力物力，派私人信使火速赶往京城，向乾隆呈上冗长的表功奏折。结果这位总督不仅没有成功引起乾隆的注意，没有盼来相应的赏赐，反而让乾隆十分不悦，命内阁大学士对他进行了严厉的斥责。这位总督邀功讨好的满腔热情被泼了一盆冷水。

同样，广东巡抚也过于刻意地想要取悦乾隆，获得关注，结果也适得其反。当时，在广东的商人、农民和劳工当中普遍存在一种坏习惯，他们喜欢随身携带一种因特别锋利而得名"铁嘴"的刀具，这就致使一些本来很小的争执也易于酿成非常严重的命案。于是这位巡抚就专门呈上奏折，请求皇帝颁布诏书，禁止百姓携带这样嗜血的武器。事实上，作为巡抚，他完全有权力发布和执行这些必要的禁令，根本不需要劳烦皇帝下旨。乾隆指出了这一点，他写道："朕日理万机，每天都要批阅各省递上来的奏

折。虽然朕不辞辛劳,但也不能任由这样的琐事烦扰。地方巡抚既然被赋予了职责和权力,就应该自行处理这些事情。再者,朕即便准了他的奏折,颁布了诏书,也不能保证被完全贯彻执行。朕知道很多命令最终只是被贴在了墙上,渐渐被雨打湿,被风撕碎,不见踪影。因此,广东巡抚必须受到惩戒。"

乾隆以无比丰富的执政经验告诉自己,不能奢望自己无处不在、无所不知、无所不能。因此,他十分注重挑选才智超群、诚实正直、品德高尚的贤臣,这样他就可以放心地将权力委托给他们去行使。乾隆还对高级官员实行三年一次的政绩考核制度,所有升迁和赏罚都与考核的结果直接相连。在乾隆退位前进行的最后一次考核中,他发现文官当中没有一个值得称赞,没有一个值得特别嘉奖。他们当中有的不够坚定,有的不够诚实,还有的既没有做好本职工作,也不懂得欣赏诗文。乾隆命吏部专门为他们制定了适当的惩罚措施。

与文官相比,武官做得更好一些,尽管他们当中也有一些不受管束、懒散懈怠之人。直隶总督梁肯堂在奏折中声称,他检阅了驻扎在多个营地的部队。然而,这些部队实际上彼此相距甚远,正如乾隆讽刺地指出的那样,即使

第一章 乾隆的最后岁月

他马不停蹄、日夜兼程，也不可能在一周之内到达这么多个营地，况且日夜兼程也只是一个比喻而已。显然，梁肯堂所奏是信口开河。事实上，他只是视察了古北口及其附近的军营，根本没有去过更远的营地，这只是他凭空臆造出来的。梁肯堂因此受到了严厉的斥责，并被责令重写一本符合事实的奏折。

世间的万事万物都不是完美无缺的，尽管清朝政府在其统治中存在着一些不足或弊端，但不可否认的是，它在整体上还是保持了正常运转，而且在维持国家秩序中发挥了很好的作用。儒家思想所倡导的崇高道德标准仍然是中国教育的基石。乾隆声称自幼便苦读孔子的箴言，时至今日仍然每日勤于钻研，将儒家思想作为其统治政策的指导思想。中国整个封建统治阶级都把儒家学说定为治国的正统思想。尽管在激烈的甚至是血淋淋的竞争中，很难守住道德底线，或者在自我放纵中，容易逾越道德和规矩，但是从理论上来讲，仁义道德在中国仍然是根深蒂固的，仍然是具有约束力的。它影响着公众舆论，人们都以诚实、善良、正直的人为榜样，而谴责那些公开挑战道德底线、无节制地追求物欲、以玩世不恭的态度无视儒家戒律的人。那些贪污腐化的官员，尽管聚敛了大量财富，风光一

时，但是人们不会敬仰他们，更不会羡慕他们。人们相信这些贪官迟早会为自己的所作所为付出代价，尽管他们可能会一时侥幸逃脱了法律的审判，但是不会永远侥幸，而且他们永远都逃脱不了历史和良心的审判。

受人尊重和敬仰的是那些温文尔雅、具有正统思想的学者们。虽然他们在物质层面过着近乎清教徒般的简朴生活，但是他们的精神世界却无比充盈。他们对自然美和艺术美有着敏锐的观察和独到的见解，同时也坚守着传统的道德礼仪，时刻关注着世事变迁和人间冷暖，因此他们被誉为真正的君子。君子，是几千年来中国人所追求的一种理想人格形象，它体现的不仅是文采风流、卓尔不群，而且还要忠于皇权，恪守道德规范，具有尊贵而高尚的品行，达则兼济天下，穷则独善其身。乾隆就是这一类人的杰出代表。在他的统治之下，大清朝吸纳并任用了很多志同道合的贤良之士。然而，要完全、彻底地清除害群之马却是不可能的，古今中外皆是如此。"判断一棵树的好坏，要看它的果子，不要看叶子"。因此，把历史上任何朝代都不可避免的徇私舞弊行为解释为一种根深蒂固、影响深远的腐败现象的开端，这无疑是错误的。半个世纪之后，当西方文化进一步渗透进入中国，传承了几千年的传统信

第一章 乾隆的最后岁月

仰受到外来思潮的猛烈冲击而渐趋衰弱之时,这种影响深远的腐败现象才开始产生。

和珅的确拥有巨额的财富,但是所有这些财富都是他在任期内获得的,尽管朝廷发放的俸禄不是特别丰厚,而他确实也有钟情于奢侈品的弱点。乾隆时期的工艺美术品精美绝伦,在工艺技巧上可以说前无古人,的确让人难以抗拒。此外,由于乾隆对和珅无比信任,赋予了他诸多权力,他有时也可能会抵挡不住这些权力所带来的巨大利益的诱惑。

当和珅还是一个普通三等侍卫时,他就凭借机敏的头脑和俊朗的外表引起了乾隆的注意,并且在随后的几年里,一路青云直上,不断升迁,很快就成了地位最高、影响力最大的一代权臣。他的升迁速度之快,兼任职位之多,古今实属罕见。

马戛尔尼伯爵是一位敏锐的观察家,1793年他率领英国使团访华时曾经在热河和京师与和珅接触过。和珅给马戛尔尼留下的印象是玉树临风、谈吐优雅、举止潇洒、礼貌待人。他对和珅之所以有这么好的印象,可能是因为当时使团中极端的托利党人拒绝接受任何背离西方正统的宫廷礼仪的要求,故而不肯对乾隆行三跪九叩之礼,

导致乾隆一度拒绝接见他们。而和珅做事圆通灵活,并且有大局意识,曾经从中调和,成功劝服乾隆重新考虑接见事宜。

和珅这个曾经不起眼的紫禁城三等侍卫,后来身居要职,成为吏部、刑部和户部的尚书。和珅的弟弟和琳、好友福康安也是乾隆面前的大红人,十分受乾隆的器重。他们两人都是杰出的将军,尤其是福康安。尼泊尔大军入侵西藏时,他曾经率兵翻越喜马拉雅山,取得了对尼泊尔自卫反击战的伟大胜利。这是一项非凡的军事壮举。与之相比,人类军事史上著名的奇迹——汉尼拔行军翻越阿尔卑斯山——都相形见绌,变成了一场小野餐。

1795年,乾隆准备退位时,和琳和福康安正忙于镇压湘西、黔东北爆发的苗民大起义。苗族是中国具有悠久历史的少数民族之一,几千年都未被汉族同化。当地多山的自然条件和各地少数民族对起义的纷纷响应,使得叛乱迟迟不能平定。和琳与福康安两位杰出的将领指挥军队克服了重重困难,无论是在夏日的酷暑和雷雨中,还是在冬日的严寒和暴雪里,他们都坚持作战,夺取了众多据点。他们因此得到了各种各样的赏赐,有御制的宫廷糕点、精美的刺绣荷包,还有乾隆的御笔亲书,并被加封了世袭爵

第一章 乾隆的最后岁月

位。而那些不幸的将军,因为指挥不力,没能维持八旗军队的声望,则遭到了斥责、降职,甚至是更严厉的惩罚,连他们的家人也会跟着一起受罚。就这样,在奖功罚过、恩威分明中,乾隆又承担了一年的帝王之责。

满蒙王公贵族和封疆大吏联名上书,恳请皇帝重新考虑逊位一事,他们在请愿书的结尾这样写道:"最仁厚爱民的圣上,您已经统御天下整整六十载。在这六十年中,您为国家的安全和百姓的福祉日夜操劳,殚精竭虑。无论春夏秋冬,您始终心系黎民苍生,每一份重要的奏折您都会亲自批阅。上天为您保存了无限的精力,并把您的威名传播到四海之外。您的子民爱您如父母,仰您如日月,敬您如神明。一想到您要逊位,我们就悲伤不已。因此,我们谨以无上的忠诚和谦卑请您屈尊倾听并恩准我们的恳求。"乾隆看过之后,将请愿书放到了一边。

皇太子永琰也上书请愿,恳请父亲取消禅位大典和登基大典的所有准备工作。"我一想到自己配不上这个皇位,我的心就会颤抖。尽管我自幼笃志好学,但是知识仍然太浅薄,能力还不够,经验也很有限,难以担负起如此重大的责任"。如果这是他的肺腑之言,那么也能证明他是拥有值得称道的自知之明的。然而,这些都只是走个形式而

已,所有上书请愿的人并没有真的想要影响乾隆已经做出的决定。

不久之后,皇太子带领朝中大臣向乾隆呈上了新的时宪书。乾隆发现,时宪书上的年号印的是"乾隆六十一年",而不是"嘉庆元年"。乾隆感动于他们的忠心,作为一项特别恩宠,他允许儿孙和大臣们在皇宫私下里继续使用这个年号,但是在新颁于天下的时宪书上必须印上他的继任者的年号。这样乾隆就正式兑现了登基时许下的不会有乾隆六十一年的誓言。为了庆祝在位六十周年,乾隆又一次加恩普免了全国各省一年的钱粮。

如果一个国家制定政策的出发点是为百姓谋福利,而实行的却是"独裁统治型"的社会治理模式,这是多么奇妙和不可思议啊!这样主动减免赋税对于黎民百姓来说是多么重要啊!正如乾隆当时颁布的一道诏书中所说的那样,他从即位起就爱民勤政,最大的愿望就是让国家太平昌盛。"承天之佑,朕普免天下钱粮四次,普免各省漕粮二次,偶遇水旱偏灾,不惜千百万帑金补助,抚恤赈贷兼施。朕唯愿天下众生平安顺遂,喜乐无忧。"因此,清朝的人口从乾隆统治初期的一亿八千万增加到接近三亿也就不足为奇了。这一增长中只有很小的一部

第一章 乾隆的最后岁月

分来自疆土的扩张。

带着这样卓著的政绩,乾隆的正式统治结束了。

在中国农历丙辰龙年的第一天(1796年2月9日),当清高宗乾隆帝将传国玉玺授予皇十五子永琰的那一刻,嘉庆帝的统治便开始了。嘉庆毕恭毕敬地跪受皇帝御宝,也许此刻的他已经感受到了手中的玉玺将承载多么重大的责任和使命。而此时的太上皇乾隆则又增加了一个新的祈祷,祈祷将来发生的一切能够证明他的选择是正确的。

禅位大典是在庄严的太和殿举行的。太和殿因为地面铺设金砖,又被称为金銮殿,矗立在紫禁城的中央,由数根巨型圆柱支撑,雄伟壮观,是紫禁城内规模最大的殿宇,只有特别重大的典礼才在这里举行。禅位大典之后就是登基仪式,嘉庆换上皇帝的礼服正式坐上龙椅,第一次体验"坐拥天下、一统江山"的感觉。在他的身后是一排雕龙髹金的屏风,周边是掐丝珐琅的仙鹤和香炉等礼器,亲王、郡王、贝勒、贝子以及文武百官都跪在他的面前。从此刻起他们都要听命于嘉庆了,因为他可以在高兴时让他们堆金叠玉,也可以在发怒时让他们一无所有,他们今后的命运全都掌控在嘉庆的手中了。

禅位大典之后的第三天,太上皇乾隆在宁寿宫的皇

极殿举办了一场盛大而隆重的"千叟宴",这是乾隆第二次举办千叟宴了,第一次还是在十年前。列名参加宴席的古稀老人有三千多位,虽然每五十位老人中就有一位因为身体太过虚弱而未能到席,但乾隆还是派人给他们送去了寿杖、如意、银牌等物作为赏赐。此外,这场盛宴中还有五千位列名邀赏者。内外王公、贝勒、贝子、台吉、一二品大臣在殿内参加宴席;来自朝鲜、琉球群岛、安南、暹罗、缅甸和突厥斯坦的诸国使臣坐在殿廊下的席位,他们还带来了外藩的贡品并向乾隆献上了贺词;三品大臣官员的位置设在丹陛甬路,四品以下官员则在丹墀左右。皇子、皇孙、皇曾孙、元孙等给殿内的王公大臣们敬酒,皇宫侍卫负责给参加宴席的老人们行酒和分赐食物。

受邀参加千叟宴的都是年逾七旬的德高望重的老者,他们甚至还记得乾隆的祖父康熙帝开创的辉煌盛世。他们当中的很多人在乾隆年幼之时就已经建功立业了,然而,他们现在都到了垂暮之年,以后再也没有机会像今天这样坐在一起享受宫廷盛宴了。但是他们知道,参加这样的千叟宴并获得朝廷赏赐的养老银牌是一份难得的荣宠,也会为他们的子孙后代留下一份值得骄傲的遗产。朝廷的军队正在西部地区平定叛乱,就在此时,胜利的消息传到了紫

第一章 乾隆的最后岁月

禁城,为这普天同庆的日子又增添了几分喜庆。嘉庆的统治就在这样喜庆祥和的氛围中拉开了序幕,尽管在统治初期他只是名义上的皇帝,并没有真正的权力,朝政大权仍然牢牢掌握在太上皇乾隆的手中。

春季到来时,嘉庆会前往供奉神农氏(中国的农业之神)的先农坛祭先农神、行耕籍田礼;冬至来临之时,他又来到天坛的祈年殿行告祀礼,禀告五谷业已丰登;他在文华殿上主持经筵之礼,尊孔子为"万世师表",向一众学者阐释儒家经典。然而,当每日早朝之上,与满朝文武商讨国家大事之时,嘉庆却只能坐在一张面朝西向的椅子上,而面南背北坐在龙椅之上的仍然是一位高龄老人,即使是这位老人一个心血来潮的想法,都会成为无人敢质疑的金科玉律。这位老人就是嘉庆的父亲——太上皇乾隆。

嘉庆没有任何主动权、评论权和决策权,也从来没有人征求过他的意见。尽管此时的他已经三十六岁了,但仍然被认为太过年轻,不可能提出什么有价值的见解。因此,对于刚刚登上皇位的嘉庆来说,他的职责就是虚心地倾听,对太上皇恭谨无违,并认真学习怎样处理政务,怎样做一个好皇帝,尽管他可能认为自己已经没有什么需要再学的了,如果由他来处理朝政,还有可能会做得更好。

事实上，只有一些琐碎的小事他才可以单独处理，所有重要的事务都是由他的父亲来做决定，而且乾隆在决策之前并不是与嘉庆商议，而是与他最信任的老臣，尤其是经常与和珅一起商议。

和珅才华出众，思路敏捷，办事老道，对每一个棘手的问题都能找到合适的解决办法，而且他还特别善于揣摩太上皇的心思，甚至对乾隆情绪的微妙变化都能准确地感知到。和珅，是不可或缺的；和珅，是最为得宠的；和珅，是富贵骄人的。眼看着和珅的影响力与日俱增，而自己却仍然毫无地位，嘉庆不禁妒火中烧，心头的怨恨也与日俱增。但是，和珅是他父亲的第一宠臣，有丰富的从政经验，而他只是一个经验不足的新皇帝。因此，在和珅面前，嘉庆只能把所有的忌恨都掩藏起来，并时刻表现出一个恭顺识体的晚辈形象。

嘉庆现在唯一能做的就是秘密拉拢一批王公大臣在他的身边，为将来做打算。对于这些人来说，和珅的权势是他们的绊脚石，和珅的财富也是他们无法抗拒的诱惑。嘉庆也想把福长安拉到自己的阵营里，因为福长安不仅是和珅的朋友，还与皇室有姻亲关系，最重要的是，他是最优秀的将军，在军队中有非常大的影响力，是一

第一章 乾隆的最后岁月

个值得拉拢的人。因此,嘉庆利用去西陵祭拜祖先的间隙,试图悄悄地从福长安口中获得一些对和珅不利的信息。然而,或许是出于对朋友的忠诚,或许是确实没有掌握什么情况,福长安并没有透露任何嘉庆想要的信息。嘉庆屈尊示好却没有得到任何回应,不禁感到十分难堪,在这件事情上,他永远都不会原谅福长安。但是在当时,他不得不继续忍气吞声,假装微笑,仿佛什么都没有发生过一样。就这样,在每一次受到怠慢或冷落的时候,嘉庆都不得不戴上谦恭的面具,而面具之下的他也必然会牢牢记住这一切。

嘉庆的大部分时间都用来陪伴太上皇,无论是拜谒祖陵,还是去京师南郊的狩猎场围猎,只要是乾隆出行,哪怕是在热河的木兰围场度过几个星期,嘉庆都必须陪在父亲左右。乾隆虽然是主动退位的,但是他在禅位之后的三年里仍然牢牢地掌控着朝政大权。这三年对于嘉庆来说是非常无奈而又极其难熬的时期。在这三年里,他不得不始终表现出一种高尚谦卑的品行,并小心翼翼地掩饰着内心深处最真实的感受。毫无疑问,嘉庆所扮演的这种角色本身就是非常有难度的,即使是天性善良、温顺随和的人也很难演绎好这个角色。嘉庆只是例行公事般地履行着皇帝

的职责，按期举行祭祀以及经筵、耕藉、大阅、传胪等礼仪活动，而且他自己也不知道这种表演什么时候是个尽头，这最终不可避免地使他开始期待一件他本应最害怕的事情——太上皇的驾崩。

人们不禁想知道，嘉庆以从未失态的谦恭举止来掩饰自己内心的真实想法，那么年迈的太上皇就真的没有发现过这些吗？也许在早朝之上，当乾隆将目光投向嘉庆的时候，他在某些瞬间也对嘉庆那张谦卑恭顺的脸庞产生过怀疑。乾隆自己并不写日记，宫廷史官也只是简单地记录下他的言行，而宫廷画师则可以通过他们的画笔透露出更多的信息。在宫廷画师为乾隆所作的最后几幅肖像画中，我们可以看到，乾隆的眼神中流露出一种无法言喻的悲伤，尽管从他脸上的其他部位看不出一丝苍老、憔悴或者病态的感觉。乾隆那悲伤的眼神仅仅是因为知道自己要行将就木了吗？还是因为他开始担心自己挑选的继任者是否值得托付江山，是否能对得起他的信任？嘉庆内心里对他退而不休、禅而不让的不满，对他最宠爱的近臣越来越深的敌意，他真的毫无察觉吗？如果相互之间缺乏理解，那么再多的言传身教也徒劳无用。每当被这些不祥的预感所困扰时，乾隆就会去求助陪伴了自己多年的那个人——和珅，

第一章 乾隆的最后岁月

而后者也从来不会让乾隆失望,总是能够设法让他的内心恢复暂时的安宁。只要和珅还在,一切问题都会得到最好的解决。这样的情况一直持续了三年。

然而,第一个离世的却是嘉庆年轻的皇后喜塔腊氏。嘉庆二年(1797年)二月,喜塔腊氏病故,年仅三十八岁。嘉庆虽然悲痛万分,但是他也知道太上皇一定忌讳与死亡有关的一切,于是第一次单独做了一个决定。尽管皇后薨逝是国丧,他却命令礼部必须一切从简,丧期不得超过七日。此外,嘉庆还要求朝臣们在大丧的七日之内面见太上皇时不可穿丧服,官帽上鲜红的流苏也要保留。至于皇后早逝的原因,史书上没有明确记载。难道是因为后宫之主的身份给她带来的压力太大了吗?还是因为她的体质纤弱、福薄命浅?如果我们继续从宫廷画师的画作中找寻答案,就会发现皇后应该就是体质纤弱、精神衰弱,而嘉庆的母亲曾经也同样患有精神衰弱症。乾隆册谥已故的儿媳为孝淑皇后,这是对一个如此低调的人最好的评价。当喜塔腊氏为嘉庆诞下皇子之时,她就已经完成了人们对她的所有期望。六年之后,即1803年,孝淑皇后的棺椁被安放在清西陵的昌陵地宫里,这也是嘉庆专门为他自己修建的长眠之所。

乾隆却老当益壮,矍铄的精神状态一直保持到了1798年。像往年一样,皇帝在夏天时会移至热河行宫。但是这一年秋天降雨偏多,以至于狩猎活动无法进行,不得不取消。然而降雨只是官方的一个解释,很有可能是乾隆感觉自己已经力不从心,但又不愿公开承认是因为年老体衰才无法再继续行围狩猎。八月底,他决定返回紫禁城。在热河行宫的最后一个晚上,乾隆带着忧郁的眼神凝望着远处山峰那熟悉的轮廓。在落日的余晖下,连绵起伏的山峦如同黑色的天鹅绒般深邃。在那些山林里,他曾经度过了那么多难忘的快乐时光。但是现在,他已经意识到自己今后可能再也不会看到这些熟悉的山林了。还有园子里可爱的梅花鹿、芦苇丛中波光粼粼的湖水、金色屋顶的寺庙、尖尖的宝塔和巨松荫下精致的朱漆亭榭,这里的每一个地方都给乾隆留下了美好的回忆。但是从今往后,可能真的只有在回忆里才能再见到这一切了。乾隆从二十五岁登基到现在已经执政六十三年了,在这六十三年里,他一直保持着旺盛的精力。现在,当他回忆起过去的点点滴滴,一切仿佛就发生在昨天。如果没有了他,清王朝的未来又将会是什么样的呢?

最近一段时间从叛乱地区传来的战报也让乾隆心中充

第一章 乾隆的最后岁月

满了担忧,朝廷还要投入大量的兵力,消耗不计其数的军费,但战事还远未结束,彻底平息叛乱不知还要等多久。如果他能等到朝廷军队取得决定性胜利的那一天,那么他也就能坦然地面对死亡了。陷入沉思当中的乾隆可能又受到了疲倦的侵扰,于是他又重新倚靠在了銮舆内的金色锦缎靠垫上。支撑轿子的两根粗大的抬杠儿稳稳地搭在 8 名强壮的轿夫肩上,让乾隆几乎感觉不到晃动。轿夫们小心翼翼地抬着太上皇快速地朝紫禁城的方向奔去。

乾隆与紫禁城的距离正在逐渐缩短,而身后的木兰围场已经越来越远,那是他一生去过数十次、写满了荣耀的地方。秋日温暖的阳光柔和地洒在紫禁城宫殿屋顶的金色琉璃瓦上,也照射在幽静的御花园里的金色树叶上。嘉庆二年(1797 年)十月,乾清宫左右两侧的宏德殿和昭仁殿以及后侧的交泰殿发生了火灾,因抢救不利,乾清宫化为灰烬。但仅仅在一年内,被烧毁的宫殿就已经重建完毕,依然如当初那样巍峨壮观、规模宏整,廊柱的油漆和梁枋的彩绘如同美丽的新衣般在金色的阳光下闪烁着耀眼的光芒。建筑可以再翻新重建,但是人到了迟暮之年,就再也无法恢复青春了。即使穿着青白狐皮衬里和貂皮袖口的厚厚长袍,沐浴着温暖的阳光,也不能再让乾隆有暖和

的感觉了。他的生命在慢慢枯萎，也许很快他就会告别人世间的欢乐，去到另外一个陌生的地方了。那里也许是一个寂静、黑暗、孤独的地方，也许是一个和平、安宁和充满未知的地方。他的步履越来越蹒跚，瘦削的双手开始颤抖，写字变得越来越吃力，思维也越来越迟缓，甚至开始分辨不出耳边的声音来自谁了。

秋去冬来，冬去春来。地上还结着霜，草木还没有复苏。病中的太上皇已经听不清文武百官献上的万寿无疆的新年祝福了，即使能听得清，他也知道万寿无疆是不可能的了。没过多久，文武百官就听到了太上皇病重的消息。此时的嘉庆在养心殿照顾着父亲。傍晚时分，宫中又传来消息，太上皇的病情进一步加重了，实际上此时的乾隆已经陷入昏迷不醒的状态了。整个晚上，乾隆都在鬼门关外徘徊。当阳光透过雕刻精美的格子窗照进屋子里，燃烧了一宿的烛火可以熄灭之时，那束在乾隆被病痛折磨的身体里闪烁的生命之火也随之熄灭了。

嘉庆说父亲病危时曾经紧握着他的手，焦虑地望着西南方向，似乎想要表达些什么。他是否如嘉庆所认为的那样，还在担忧正与叛军作战的朝廷军队的命运？还是在那一瞬间，他突然预感到了大清朝未来将要面临的巨大危

第一章　乾隆的最后岁月

险？这些危险不仅会动摇大清的江山，而且会冲击传承了几千年的中华文明。无论在乾隆意识清醒的最后时刻困扰他的是什么，他都再也无法掌控任何事情了。嘉庆四年（1799年）正月初三清晨八时许，这位中国历史上最杰出、执政时间最长的帝王，终于抛下了一切权力和责任，远离了所有是非和善恶，与世长辞了。

皇帝肖像

爱新觉罗·努尔哈赤（1559—1626 年）清朝的奠基者，后金开国皇帝。起兵统一女真各部，平定辽东部，建立后金，割据辽东。清朝建立后，尊为清太祖。

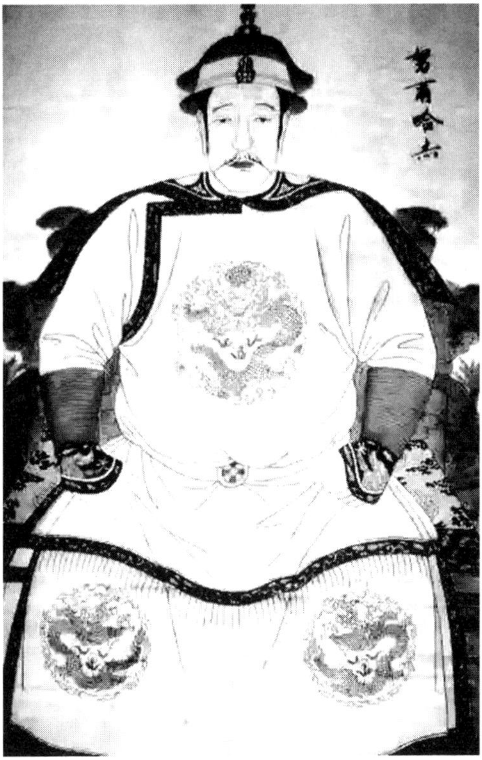

爱新觉罗·皇太极（1592—1643年）
努尔哈赤第八子。努尔哈赤去世后，继承汗位，励精图治，大刀阔斧改革，加强中央集权。1636年皇太极正式称帝，改国号"大清"，在位十八年。庙号太宗。

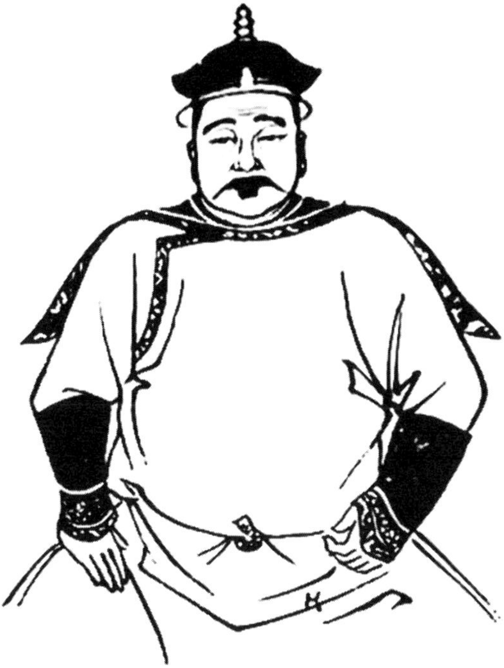

爱新觉罗·福临（1638—1661年）清朝第三位皇帝，清朝定都北京的第一位皇帝，年号顺治。顺治皇帝整顿吏治、恢复农业经济、评定内乱，国力开始强大。庙号世祖。

顺治皇帝

爱新觉罗·玄烨（1654—1722年）清朝第四位皇帝，清定都北京后第二位皇帝，年号康熙。康熙皇帝是中国历史上在位时间最长的皇帝，是统一的多民族国家的捍卫者，奠定了清朝兴盛的根基，开创出康乾盛世的大局面，有学者尊之为"千古一帝"。庙号圣祖。

康熙

爱新觉罗·胤禛（1678—1735年）
清朝第五位皇帝，清定都北京后第三位皇帝，年号雍正。雍正皇帝的一系列社会改革对于康乾盛世的连续起到了关键性作用。庙号世宗。

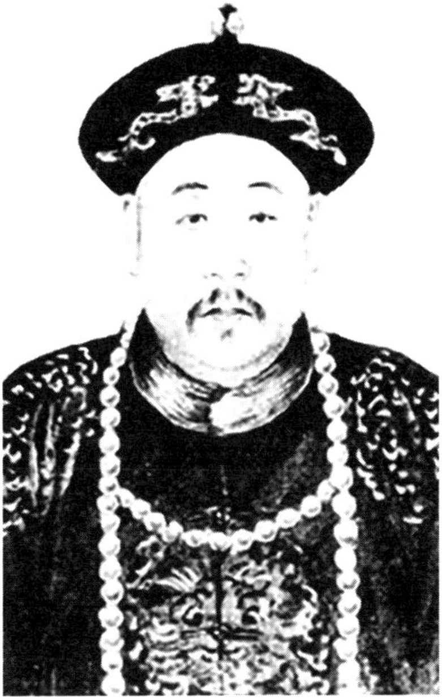

爱新觉罗·弘历（1711—1799年）清朝第六位皇帝，定都北京之后的第四位皇帝，年号乾隆。乾隆在位期间清朝达到了康乾盛世以来的最高峰，他进一步完成了多民族国家的统一，社会经济文化有了进一步发展。庙号高宗。

乾隆

爱新觉罗·颙琰（1760—1820年）清朝第七位皇帝，定都北京后的第五位皇帝，年号嘉庆。嘉庆皇帝整饬内政，整肃纲纪，但未能从根本上扭转清朝政局的颓败。庙号仁宗。

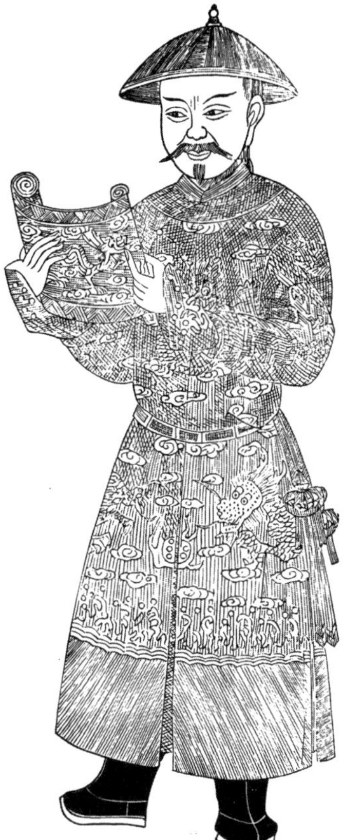

爱新觉罗·旻宁（1782—1850年）清朝第八位皇帝，定都北京后的第六位皇帝，年号道光。道光皇帝颇思励精图治，振衰除弊，在全国推行禁烟，支持林则徐禁烟措施，但未能改变清朝国运衰落的趋势。庙号宣宗。

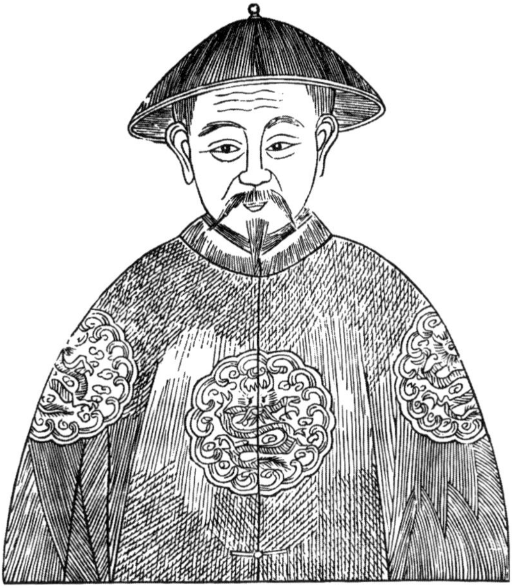

第二章
独立统治的开端

第二章 独立统治的开端

按照中国人的习俗,父母去世的时候,孝子应该呼天抢地,尽哀尽礼。而嘉庆是一个一直都很注重外在形式的人,更是用尽全力表现出痛不欲生的心情。也许正是因为他并非真的肝肠寸断,所以才能够使出全身力气去痛哭。

嘉庆悲痛欲绝地跪倒在地,整个人像被彻底击垮了一样。他大声哭喊着让逝去的父亲回来,而事实上,也许正是因为确定父亲这一次真的不会再回来了,他的心里反而暗生欢喜。他涕泗滂沱,比所有兄弟哭得都厉害,在外人看来,他的悲痛已经达到了极点。他也真切地听见了自己的哭声,而且还可能由衷地欣赏自己这种令人信服的伤心欲绝的表演。

嘉庆参与了父亲入殓仪式的每一个环节,因为情绪激动而不停地颤抖,泪流满面。仪式从下午三点持续到五点。日落时分,乾隆的棺椁被抬进了乾清宫,数百名佛教的僧侣和道教的道士身着鲜艳华丽的刺绣锦缎长袍,为乾隆的灵魂诵经超度。曾经就是在这个宫殿里,乾隆的父亲雍正帝秘密从诸多皇子里选中了他将来继承皇位,并将写有他名字的密折封存于鐍匣中,藏在"正大光明"匾额之后。在"正大光明"这四个大字的神秘力量的护佑下,乾

隆统治时期出现了中国历史上的又一个繁荣盛世，这也证明了雍正帝的选择是正确的。现在乾隆统治的时代也结束了，从开始到结束的整个过程就好像只过了一天。而此时此刻，这个见证过太多辉煌的宫殿已经变成了一个"太平间"，即使涂上了新漆，绘上了新图，但是在整个大殿的雕梁画栋之间，阴郁的感觉仍然挥之不去。

嘉庆命人将自己的寝宫搬到了乾清宫对面的一间书房，这里有一条通道与乾清宫相连。这条通道铺着巨型的白色石板，周围是汉白玉雕刻的栏杆。嘉庆和他的兄弟们曾经一起在这里听翰林院学士讲课。这是一个非常适合守夜的地方，书房的简朴风格与此刻悲伤的氛围十分相衬。书房里没有床，嘉庆和所有的孝子一样就睡在地板上，整个人都表现出了无以复加的悲痛之情。

嘉庆哭着颁布诏书，宣告太上皇的驾崩是无法弥补的损失，并且详细追忆了父亲的丰功伟绩：他的智慧如神，胸怀宽广，胜过以往所有的君主；他的赫赫战功为大清朝开辟了广袤的疆土，使众多邻国都俯首称臣，使边境地区实现了和平安定；除此之外，在诗词创作方面，无论是数量还是质量都无人能与之相比。嘉庆含泪表示，自己虽然坐上了龙椅，但是更希望能够多侍奉父亲几年，继续聆听

第二章 独立统治的开端

父亲的教诲，但如今这已经变成一个永远无法实现的愿望了。巨大的悲痛充斥着嘉庆的身体，尽管父亲的遗愿是只办二十七天的丧事，但是即使举办百天的国丧也不能抚平他的哀伤，所以嘉庆决定遵从古制，守孝三年。

这听起来是多么孝顺，三年的守孝又可以为皇宫节省多少饕餮盛宴。古代圣贤的智慧博大精深，古制理应遵从，至少在一般意义上是如此。但是当古人提出下至百姓、上至天子，在父亲去世的三年之内什么都不能做出改变时，显然没有考虑到由于重大公共利益方面的迫切需要而必须进行变革的情况。而此时的嘉庆已经开始分步实施他数月之前就已经制订好的战略计划了：给他的兄弟和其他近亲封官晋爵，以兑现他之前许下的承诺——如果他们能够圆满地完成被分配的任务，将来就可以从他这里得到更多的恩赐。

诏书全部宣读完毕，守丧第一天的仪式也全部结束了。阳光渐渐从冬日的天空中褪去，星辰若隐若现，黑暗自一个伟大的灵魂消失之后第一次笼罩在紫禁城的上空。嘉庆终于可以回到他的芦苇席上休息一会儿了。他的眼睛因为哭得太多而肿了起来，他的身体因为睡在地板上而酸痛难忍，但是此时的他却无比开心，他终于成为一个真正

的皇帝了。只要他愿意，随时都可以让那个他恨之入骨的人彻底消失，那个人就是权倾朝野、富贵逼人的太上皇的第一宠臣——和珅，而相比之下，他在父亲的眼中却一直都不如和珅重要。

和珅似乎并没有意识到这个初登大宝的皇帝会将他置于怎样危险的境地。嘉庆也堪称一位优秀的表演艺术家，乾隆在世时，他对和珅表现出了最大的恭顺，从来没有泄露过自己真实的想法。和珅可能也觉得自己清者自清，没有什么好担心的；又或者觉得他可以依靠古制——禁止在守孝之时进行巨大变动或者大施刑罚——而暂时躲过这一劫。和珅本以为凭借自己的能力就足以应付嘉庆。他在富比皇宫的府邸里，专门养了400多个家丁来守护他的财富。此外，他还颇具先见之明地在军机处收买人心。福康安的弟弟福长安也是和珅的死党，他率领的军队曾经立下赫赫战功，享有很高的声望，以至于嘉庆也不敢贸然采取行动来对付他。但是嘉庆在其独立统治开始之后，便不想给他的对手留任何策划与防御的时间，他已经迫不及待地想将福长安与和珅一并铲除了。虽然嘉庆心里很清楚，他这样做肯定会令举国震惊，但是他依然下定决心要对父亲的宠臣动手了。

第二章　独立统治的开端

嘉庆暗中委派的一名监察御史事先已经展开了周密的调查。乾隆驾崩后还不到一个星期，关于和珅那些"骇人听闻"的罪行的调查结果已经让这名监察御史无法再继续忍受下去了。出于良心和责任，他请求皇帝必须公开和珅和福长安这两个头号人物的累累罪行。监察御史彰善瘅恶、激浊扬清，被认为是公共道德的守护者，任何一个开明的天子都不会无视他们的请求。因此，嘉庆仿佛在这件事情上别无选择，只能"心痛地"履行自己的职责：下旨罢免这些触犯大清律法的大臣的职务，并将他们关押起来，听候军机处和刑部的审判。

在清朝，审判的主要目的是确定适当的处罚办法和处罚力度，至于犯人被指控的罪名成立与否，则属于次要考虑的范围。因此，嘉庆毫不犹豫地逐一列举了和珅的二十大罪状："乾隆六十年九月初三，皇考册立朕为皇太子，但是在九月初二这一天，和珅就试图送朕一柄玉如意来讨朕欢心，这种行为相当于泄露朝廷机密，这是他的第一大罪状；去年正月，皇考在圆明园召见和珅，他竟然骑马直进左门，过正大光明殿，直至寿山口，目无君父，这是他的第二大罪状；和珅以腿疾为由，乘轿进出神武门，众目睽睽之下，毫无忌惮，这是他的第三大罪状；和珅还纳出宫

女子为妾，罔顾廉耻，这是他的第四大罪状；自剿办白莲教教匪以来，皇考日夜盼望前方军书，和珅却故意延搁甚至篡改军书，报喜不报忧，严重耽误了军情，以致战事至今仍未结束，这是他的第五大罪状；皇考圣躬不豫时，和珅毫无忧戚，每次进见后，向外廷人员叙说，谈笑如常，这是他的第六大罪状；去年冬天，皇考勉强支撑病体批阅奏折，有时无法写出清楚的批谕，和珅看后竟然说'不如撕去，另行拟旨'，这是他的第七大罪状；皇考任命和珅为吏部和刑部尚书，后又因他在财务方面的才能让他兼管户部报销，可是和珅竟然将大权独揽，独断专行，不给其他大臣说话的机会，这是他的第八大罪状；去年十二月，贼寇聚众千余，在青海一带作乱，达赖喇嘛的牲畜被抢，还有两名部下被杀，和珅收到奏报后，竟然将奏折驳回，隐匿不办，完全无视边境安全，这是他的第九大罪状；皇考驾崩后，为避免感染天花病毒，朕下旨未出痘的蒙古王公可不必来京吊唁，和珅却篡改圣旨，擅自下令，蒙古王公不管出没出痘，均不必前来，全然不顾国家抚绥外藩之意，是何居心，这是他的第十大罪状；内阁大学士苏陵阿，两耳重听，衰迈难堪，因与其弟和琳姻亲，和珅竟然隐匿不奏，而侍郎吴省兰、李潢和太仆寺卿李光云三人皆

第二章 独立统治的开端

因曾在和府教读,和珅就保奏他们位列卿阶,兼任学政,这是他的第十一大罪状;军机处记名人员,和珅任意撤去,种种专擅,不胜枚举,这是他的第十二大罪状。"

嘉庆的指控终于指向了实质性的问题——和珅的巨额财产。"昨日查抄和珅家产时发现,他用皇家专用的金丝楠木建造房屋,其多宝阁及隔段式样,皆仿照宁寿宫制度,其园寓点缀,与圆明园蓬岛瑶台无异,如此僭侈逾制,是何居心,这是他的第十三大罪状;和珅效仿皇帝,在未亡之时便在蓟州修建陵墓,享殿、宝顶样样俱全,规模宏大,堪比皇陵,甚至被当地百姓称为'和陵',这是他的第十四大罪状;和珅家内所藏珍珠手串,竟有二百余串,较之大内多至数倍,所藏大珠比御用冠顶还大,这是他的第十五大罪状;宝石帽顶并非和珅应戴之物,然而和珅所藏真宝石顶有十余个,整块大宝石更是不计其数,很多宝石连皇宫里都没有,这是他的第十六大罪状;和珅家内藏银两、衣服等件,数逾千万,这是他的第十七大罪状;和珅在家中夹墙藏金二万六千余两,私库藏金六千余两,地窖埋银三百余万两,这是他的第十八大罪状;和珅在通州、蓟州均有当铺钱店,查计资本,又不下十余万两白银,身为首辅大臣,却与民争利,这是他的第十九大罪

状；和珅的大管家刘全的家产竟也高达二十余万两白银，并有大珠及珍珠手串，可见搜刮民脂民膏到了何等地步，这是他的第二十大罪状。此外，和珅因贪婪还犯下诸多其他罪行，在此无法一一尽述"。

嘉庆首先声称，如果过去能有大臣有足够的勇气揭露和珅的罪行，那么太上皇乾隆一定会将和珅判处死刑。随后，嘉庆命参与审判的大臣们提出他们认为合适的惩罚方式。最后，嘉庆把注意力转移到与主犯和珅一同被投入大牢的福长安身上。福长安被指控犯有包庇罪和同谋罪。尽管福长安深得先帝宠爱，并且经常独自服侍先帝，但是他却从来没有向先帝透露过关于和珅所犯罪行的任何信息。嘉庆还特别指出："如果福长安是因为考虑到先帝年事已高，怕惊扰到他老人家，所以当时才选择保持沉默，那么他为什么不肯告诉朕？三年来，他没有说过一个字！很明显，这恰恰证明了他就是和珅的帮凶。尽管从调查结果来看，福长安的财产还不及和珅的十分之一，但也仍然大大超出了一个官员通过正常途径所能获得的收入。既然他与和珅沆瀣一气，那么也同样应该受到惩罚。"

和珅承认了嘉庆对他精心罗列的所有指控。他并没有为自己进行任何辩护，因为他已经意识到那根本无济于

第二章 独立统治的开端

事。在审判和珅的大臣当中,有些人曾经是他的朋友,但是和珅心里也很明白,这些人由于担心惹上嫌疑,在声讨自己的时候反而会是最卖力气的。此外,和珅当时已经体弱多病,也没有足够的力气去对抗众人的声讨了。早在1793年,和珅就曾经向马戛尔尼使团的吉兰医生咨询过他的疝气、风湿病以及其他疾病。而嘉庆也承认当时的和珅确实连走路都存在困难。和珅对刑部为获取供词所采用的手段最清楚不过,自然不敢亲身去尝试。但是和珅的束手就擒、彻底认罪很可能也有心理方面的原因。突然间被捕犹如晴天霹雳,似乎把他吓呆了。和珅毕竟是见过无数世面的人,经验非常丰富,但他居然过于低估了对手。而嘉庆的手段确实也很毒辣,也许和珅已经看明白了,有这样的对手存在,他根本不可能在这个世界上继续活下去。

大清王朝是依靠纪律严明的军队起家的,臣子们习惯于无条件地服从皇帝的命令。自我保护的天性也使得这个传统能够一直延续保存下来。满族作为一个少数民族,在统治这个千万人口的泱泱大国时,他们的领袖清楚地认识到,只有用铁的纪律将他们凝聚在一起,才能保持坚不可摧。到乾隆为止,努尔哈赤的每一代子孙几乎不费吹灰之力就可以使自己的意志占据主宰地位,而且都是杰出的政

治家，能够以无可争议的公正和无可辩驳的智慧，使皇权得到不断加强，就连在他们面前鞠躬行礼都成了一种特权。对最高统治者的绝对臣服，不仅仅是因为帝王对臣民有生杀予夺之权，而且这已经成为一种习惯、一种信仰，甚至形成了一种世代相传且令人自豪的传统。许多独立坚强、勇敢无畏的人，他们本身就是优秀的组织者和管理者，而且更加忠于这种传统，对皇权也更加顶礼膜拜。因此，当臣子的行为惹怒皇帝的那一刻，所有可能为他辩护的声音都沉默了。在处置和珅这件事情上，嘉庆采取了一系列独裁的手段，而且还带有报复倾向。嘉庆在命人查抄和珅家产时表现出的急不可待，以及安抚人心政策的缺位，都让他在独立统治之初留下了不太好的名声。但是，对于嘉庆独立执政伊始处理的首个大案来说，这些强硬的手段显然都是有效的。

审判结果不出所料，主审官员一致判决和珅、福长安有罪，并提议对两人均处以死刑：福长安应处斩首之刑；鉴于和珅的罪责更重，应该被凌迟处死。凌迟俗称"千刀万剐"，是一种身体根本无法忍受的令人毛骨悚然的极刑。和珅终究无法逃脱这种残忍的酷刑，尽管他已经对嘉庆的所有指控都表示认罪，但是他却试图隐瞒大部分财产的藏

第二章 独立统治的开端

匿地点,这无疑是为了避免他的家人最终落得一贫如洗的下场。嘉庆的弟弟和主审此案的另外两位大臣,表面上都是温文尔雅、周身罗绮的贵族,而且他们在和珅尚为先帝身边的大红人时,都曾经对他毕恭毕敬。但是现在,他们清楚地知道,只要大刑伺候就可以让和珅无法忍受,立刻招出他们迫切想知道的巨额财富的藏匿之地。即将到手的金银珠宝已经吞噬了他们所有的怜悯之心,此时此刻在他们的眼里,这些金银珠宝已经成为全世界最值得拥有的东西。正是因为和珅的富可敌国,才让他落得如此悲惨的下场,所以说过度的财富就如同致命的毒药。最后他们终于如愿撬开了和珅的嘴,得知和珅藏匿财宝的地点就在城外的一个花园里,于是他们立刻派遣一队人马带着鹤嘴锄和铁铲赶往城外,而另一队人马则直接查抄了和珅在城里的住宅。

和珅的家产清单一出,震惊了所有人:除了他居住的极尽奢华的恭王府,还有大量的房产、田产、金条、银器、珠宝首饰、名贵的木材、华丽的锦缎、无价的皮草以及数量惊人的价值连城的古玩珍品。除了嘉庆扣下的东珠朝珠(他认为这是帝王才能拥有的东西)外,据统计,查抄出来的和珅家产总值高达9亿两白银。和珅仅仅在担任

户部尚书期间就聚敛了140只金表和珐琅表、9000根黄金如意、144张镶嵌宝石的漆榻,以及2390个黄晶、玛瑙、琥珀和玉石材质的鼻烟壶。此外,和珅是刑部尚书和吏部尚书,而且是乾隆身边的第一大红人,所以他就仿佛是一块巨大的磁铁,吸引着王公贵族和边疆大吏们源源不断地献上贵重礼物。

对嘉庆来说,这笔巨大的财富无疑是沉痛的葬礼上一份令人快意的礼物。怎样合理分配这些财物也是一个需要深思熟虑的问题。嘉庆倾向于让皇室成员得到更多的份额,他的兄弟们最终成为最大的受益者。皇十七弟永璘得到了和珅的府邸,而毗邻府邸的花园则分给了皇十一兄永瑆。嘉庆这个皇兄永瑆以学者和书法家自居,可以更好地发挥花园里的亭台楼阁的作用。中国人对于亭台楼阁有一种特殊的爱好,文人雅士游玩赏景时,会在其中吟诗作对。就这样,嘉庆没有动用内务府一两银子就给两个兄弟安排好了最合适的住所。

和珅的那些金条则被嘉庆用来填补国库亏空,这些亏空是由为平定内乱而不断增长的军费开支造成的。至于嘉庆亲自保管的和珅那不计其数的黄金如意,似乎在皇宫中占据了太多空间,以至于嘉庆在他的整个统治期

第二章 独立统治的开端

间,都明令限制王公大臣再送同样的礼物。如意是中国传统的吉祥物,被视为祥瑞祈福的重要器物,寓意佩戴者万事如意。每逢帝后寿辰或重大庆典,王公大臣都会进贡如意作为贺礼。

然而,最令嘉庆开心的还是那些大珍珠。突然间获得五十六条价值连城的东珠朝珠让嘉庆的心情甚为舒畅,以至于他欣然同意对和珅和福长安拟议的死刑判决予以从宽处理。和珅原本应受凌迟之刑,嘉庆最终赐他一尺白绫,令其在狱中自我了断。可见如果和珅真的是所有官员腐败的源头,那么京城百姓对于和珅的罪行一定知之甚多,公开处决和珅一定能为新皇帝赢得更多的声望和百姓的支持。但嘉庆却取消了公开行刑,改为在封闭的监牢中尽可能低调地执行死刑,这可能并非是为了照顾和珅的感受。

对于福长安的案子,嘉庆不得不处理得更加谨慎一些。毫无疑问,如果这个案子处理得过于极端,势必会动摇军心,给嘉庆控制军队带来十分不利的影响,这对于任何一个统治者来说都不是一件小事。原本朝臣商议的结果是将福长安立即处斩,嘉庆下旨改为了斩监候,即将福长安投入监牢,缓期执行。如果在之后的六个月内,不能定下足以弹劾他的罪名,就将其释放,但他也

只是获得相对的自由而已。因为福长安以前经常为乾隆帝奉茶,所以嘉庆命他余生都必须留在先帝的陵寝继续为先帝供茶,"以便追忆先帝对他的恩典并反思他对先帝的忘恩负义"。此外,福长安被没收的财产将全部予以归还,除了一件他准备在乾隆九十大寿时献上的贵重礼物和另一件为嘉庆四十岁生日准备的礼物,嘉庆认为自己有权留下这两件物品。其余的财产则全部交由太监总管负责,福长安最后不得不给这个总管送了一大笔回扣才顺利拿回了自己的财产。

嘉庆声称和珅的一部分财产落入了太监的手中,就连宫廷侍卫也从王公大臣的所得之中分到了一杯羹。嘉庆并不想让大臣们以为他从和珅的案子中获得了多少好处,他还以归还福长安的财产来证明他的无私,证明他所关心的只有正义是否得到了伸张,官员是否清正廉洁。然而,嘉庆并没有消除朝廷上下因和珅案而产生的担忧,因为他对每一个可能与和珅案有关联的官员都进行了仔细调查。嘉庆自己也承认这样做确实有些过火,但这并不是他的本意。

在嘉庆颁布的诏书中,他的语言表述总是堪称完美,然而他的实际行动却并不与之相符,甚至还没等到自己的

第二章　独立统治的开端

父亲下葬,他就毫不犹豫地罢免了父亲生前最信任的几位老臣,并用自己挑选的人取而代之。同样,和珅已故的弟弟和琳也成为嘉庆发泄愤怒的对象。和琳是清朝名将,曾经立下过卓越的战功。嘉庆元年(1796年),和琳在平定叛乱的战场上染病身亡。乾隆晋升和琳为一等公爵,世袭罔替,恩准修建和琳专祠,并且将他的牌位放于太庙,朝廷按时祭祀。而嘉庆则以国家罪臣的兄弟不配再拥有这样的荣耀为由,下旨将和琳的牌位撤出太庙,并将其专祠拆除。紧接着,嘉庆又剥夺了和琳的儿子世袭一等公爵的爵位。由于担心军队中会产生过多的不满情绪,嘉庆对和琳的惩罚才到此为止。

一个新皇帝如此迅速而彻底地推翻父亲生前制定的政策,肯定是有违孝道的。这使得老臣们频频摇头,忧心忡忡,私下里议论纷纷,不知道新建立的纲常将会带来一个怎样的未来。而让嘉庆头疼的则是如何开启这条艰难的统治之路。长久以来他在父亲面前表现得并不出众,以至于他不可以表达自己的任何想法。嘉庆似乎也已经意识到这个问题的存在,因此他总是期盼文武百官对他的忠诚和敬畏能够发自肺腑。他鼓励太监把宫中发生的每一件大事小情都随时向他禀报,他还特别关注每日进出宫门的人,让

侍卫监视王公大臣，并且彼此监督。

很快，嘉庆就发现了一个必须严肃对待的问题。但可悲的是，这回出问题的不是别人，正是乾隆的十七子、嘉庆的弟弟庆郡王永璘。嘉庆就是把和珅的府邸赐予了这个弟弟，而他在里面住得也十分惬意。事情是这样的：永璘与嘉庆同为孝仪纯皇后魏佳氏所生。孝仪纯皇后去世时，由于永璘尚幼，就交由颖贵太妃抚养，因而与其有着母子之情。嘉庆五年（1800年），颖贵太妃在寿康宫迎来了七十岁寿辰。为了表示孝心，永璘特意送了一份礼物为养母祝寿。嘉庆承认送礼物这件事本身并没有错，但让他不可原谅的是，永璘竟然擅自派了一名侍卫直接将礼物送去了寿康宫，而没有事先征得他的同意，也没有禀报礼物的性质。

对于嘉庆这样过于警惕的人来说，这种行为就如同怀着不良动机让下人去溜须拍马一样。他抑制不住自己的愤怒，遂下了一道谕旨："每逢皇后寿辰，没有一位王公大臣敢在未经奏请的情况下私自送礼物。现在，为了给颖贵太妃贺寿，庆郡王永璘竟然事先未向朕禀报，未征得朕的许可，就擅自派侍卫将礼物直接送给了太妃！他这个人一向散漫，以前在陪伴先帝打猎或出行时，朕与成哲亲王永瑆

第二章 独立统治的开端

总是紧随御驾左右,而永璘却经常拖拖拉拉落在后面,和侍卫、太监一起到达行宫。他陪朕去东陵的时候,依旧如此拖沓。他这么不顾礼仪,这么喜欢和侍卫、太监混在一起,真该好好考虑一下如何规范他的行为了!作为特别恩典,朕允许他继续留在内廷任职,由仪亲王永璇看管,督促他好好改正,以后不可再犯同样的错误。"

然而一个月之后,与永璘同辈的肃亲王永锡又犯了类似的错误,但是这一次显然更加严重。按照惯例,当皇帝的儿子或侄子年满六岁,第一次进入上书房读书时,他的老师、同学和近亲都会送一件礼物作为纪念,但送的都不是什么贵重的礼物——只是笔、墨或诸如此类的文具而已。如今,皇三子也即将进入他的父亲嘉庆曾经刻苦读书的地方学习了。肃亲王永锡本想讨皇三子欢心,结果却犯下了好几个让嘉庆气愤的错误:第一,他作为一个远亲,根本不需要给皇三子送任何礼物;第二,他把礼物交给了宫中的一位太监,直接送到了皇后进膳的地方;第三,他送的礼物太贵重了,是玉石制作的文房四宝;第四,他事先没有向嘉庆奏请。

此事发生之后,嘉庆还专门发布了一道上谕,当然他这么做的主要目的是想让别人看到他的尚俭之德和简朴之

风。"朕始终大力倡导勤俭节约的传统美德，反对奢靡享乐之风。朕生来崇尚节俭，一生都在避免不必要的铺张浪费。朕的皇兄仪亲王永璇可以证明这一点。每逢新年或者其他节日，上书房的师生之间或学生之间都会互赠礼物，但朕从来没有送过装饰品或古玩等贵重之物，只是送一些食物或者丝绸荷包而已。但是最近一段时间以来，奢靡之风又开始出现了，许多人赠送的都是比较贵重的礼物。朕十分厌恶这样的风气，这只会增加官员的开销。在朕执政之初，朕就试图通过禁止赠送此类礼物以及鼓励回归简朴和节俭的传统，来根除这种风气。如果满汉文武百官都能发扬这种勤俭节约的传统美德，那么天下百姓肯定都会衣食无忧。然而现在，肃亲王永锡竟然罔顾朕的禁令，在皇子入学时仍然赠送贵重的玉器。皇子入学本与他无关，如果他事先征求朕的意见，朕一定会拒绝此事。此外，朕还发现肃亲王永锡在管理圆明园包衣三旗时，见朕长期不去那里，就利用职权擅自占用一个园子供自己享用。现革去他镶蓝旗汉军都统以及圆明园包衣三旗总管的职位，交由宗人府处理。所有一品和二品亲王必须将他赠送的礼物上交，如若再发现任何京城官员或地方官员相互之间秘密赠送贵重礼物，必将严惩不贷"。

第二章　独立统治的开端

事实上，嘉庆未免将这些琐事的处理过于扩大化了。这个拥有将近3亿人口的国家，此时一定面临着更多影响安定的重大问题，但是在嘉庆的眼中，似乎没有比老太妃寿辰时和皇子入学时该不该送礼、送什么礼更为重要的事情了。颖贵太妃在此事发生不久之后就去世了。对于深居皇宫的人们来说，有时候一些不起眼的小波澜甚至比那些显而易见的大风暴更具有毁灭性，因为大风暴的危险是众所周知的，还可以一起从容地去面对，然而一旦受到了皇帝的猜忌，背后隐藏的危险则是不可预见和估量的。

嘉庆独立执政以来，就一直特别关注宫门的守卫问题，他仿佛已经预感到十几年后紫禁城会遭到天理教的攻袭。在他独立统治的第八个月，发生了这样一件事：两个南方行省的官员竟然穿过宫门，径直进入总督、巡抚以及各部尚书呈递奏折的地方。这两个外省官员也许还停留在古老的观念当中：一个好皇帝，可以让最卑微的臣民接近他，并且可以随时接受他们的任何请愿。但是他们不知道，这种观念已经过时了，皇宫现在的门禁制度已经变得相当严格了。因为嘉庆要确保紫禁城的神圣不可侵犯，杜绝一切危及皇宫安全的潜在危险。这两个外省官员本来满心欢喜地想觐见皇帝，结果刚刚进入皇宫就被一群面无

表情的侍卫拦住了。嘉庆得知此事之后十分震惊："这些品级不高的地方官员怎么敢不经朕的召见，就擅自进入宫中？"但是嘉庆回忆起康乾盛世时的先例，觉得还是应该效仿，只好说道："朕一直都是乐于听到不同声音的，一直都是希望地方官员能够充分表达他们的观点和想法的，只是他们应该懂得规矩和程序。如果随便一个人都可以进入宫中呈递奏折的话，那么要这些规矩和程序还有什么用？这次的事情是宫门侍卫不负责任造成的，放任外省官员未经审查就进入宫门，因此他们要为此事负责，并且从今往后必须更加忠于职守。所有人都必须经过仔细审查之后方可进入宫门。"

嘉庆过于担忧皇宫的安全问题，甚至废除了他的父亲乾隆帝曾经颁布的一项规定，代之以完全相反的规定："今日，当朕翻阅《宫史》时，看到了乾隆四十八年颁布的一项法令，要求大内总管在皇宫起火之时立即打开最近的宫门，以便住在宫外的王公大臣进来帮忙扑救。由此可以看出先帝多么重视皇宫的安危。但是朕以为，皇宫是一个无比神圣的地方，即使发生紧急情况，大内总管也不应该自作主张打开宫门，以防发生不测。这样的事情不是没有发生过。当年乾清宫发生火情时，就是因为宫门全部被打

第二章 独立统治的开端

开,一群全副武装的汉人才得以趁火打劫混入宫里,直到两天之后才被发现。因此,万一发生火灾,也要在得到朕的允许之后才可以打开宫门,而且只能打开朕指定的宫门,召唤朕指定的人进来帮忙救火。"其实嘉庆所说的火灾还是比较容易发生的,尤其是在北京这样干燥的气候下,火势蔓延速度之快根本来不及等到皇帝的命令就会造成巨大的灾难。他的父亲乾隆帝考虑得则更为实际,因为利用宫门打开之际可能混入宫中的一小撮人的危险性,与金碧辉煌的殿宇化为灰烬的损失相比,孰轻孰重,一目了然。

五年之后,宫门守卫的安全问题再度出现,这一次嘉庆更加严厉地斥责了宫门侍卫严重的玩忽职守行为。"在前明王朝,不管是低级官员还是内阁大臣,都没有不经传唤就擅自进入皇宫的自由,只有在宫中设宴款待群臣时是极少数的例外。内廷与外廷之间相互制约与牵制的制度,导致彼此之间缺乏了解,管理也受到了影响。而我大清王朝最深远的改革之一,就是臣子和皇帝之间能够更便捷、更频繁地交流。朝臣们每日都可以觐见朕,哪怕只是一个普通的官员也可以获得在皇宫门口呈递奏折的机会。如果他有充分的理由请求朕给予回复,朕一定会召见他。这样

的做法是明智的,避免了皇帝和臣子之间的隔阂。然而紫禁城毕竟是一个至高无上的地方,对它的守卫必须万无一失。最近,宫门的侍卫越来越疏忽大意,竟然让无关人等随意进入皇宫。比如前天,御膳房一个太监的侄子溺死在宫中的水井里。事发之后,侍卫主管才得知他已经在御膳房外住了整整两个月,而在事发之前根本不知道他的存在。他们真该为自己的失职而感到耻辱。受到处罚以后,虽然他们每天都会彻底搜查太监的住处,但这也只是临时做的表面文章而已,他们很快就会重新恢复到以前懒散的工作状态。昨天,朕从圆明园回宫时发现,西华门的侍卫戒备森严、纪律严明,而东华门的侍卫竟然忘记了清理通往大街的通道,导致通道上挤满了人。毫无疑问,这些人中大多数是王公大臣的随从,但其中也不可避免有闲杂人等。王公大臣入宫时身边携带随从当然是没有错的,但是不可以携带如此之多。朕还听说,午门外的商贩总是想走捷径,他们大摇大摆地穿过午门广场,竟然没有侍卫上前阻止。更为严重的是,有些人甚至一直走到了社稷坛祭坛附近,并且在那里躲起来,当朕前去祭祀的时候他们就可以看到朕。主管官员如此疏忽大意和玩忽职守,岂能容忍,必须受到严厉的惩罚。今后必须要提

第二章 独立统治的开端

高警惕,决不可再出现此类情况。此外,王公大臣携带的随从人数必须削减,今后,对于下人所犯下的任何过错,主子都必须共同承担责任"。

因王公大臣出行所带随从太多而引起嘉庆龙颜大怒,这已经不是第一次了。嘉庆六年(1801年),在祭祖回宫的路上,嘉庆对祖先虔诚的追思突然被一个在御路上策马疾驰的侍卫打断了,这种严重违背礼数的行为让他十分恼火。经过盘问,原来这个人是皇三子绵恺的随从,他专门负责保护御驾出行途经道路的安全。在一大群骑马、步行和坐车的人中间,偶然出现一匹马失控的情况,其实是一种微不足道、可以原谅的意外。但是皇帝却并不这样想,他无法容忍这样的事情。嘉庆在勃然大怒之下,革去了皇三子绵恺的职务,拔去他的孔雀花翎,褫去黄马褂,并送交宗人府处置。嘉庆最后说道:"当朕还是皇子的时候,只要是陪先帝外出,除了一个侍从和一个马夫之外,朕从未想过带更多的随从。而如今的王公大臣却互相攀比,总是比谁带的随从更多。这种不良风气必须要坚决纠正。你们要告诫自己的随从,绝不可以在御路上或宫门附近随意游荡。如若再发生类似的事情,就不仅仅只是处罚下人,连主人也要一起受到严厉惩处。"

此外，嘉庆更不能容忍在休闲胜地受到打扰。当他享受玉泉山或者万寿山的清新空气和宜人景色时，不允许有下人闯进他的视野。为了保护自己的隐私，他颁布了各种各样的禁令。有一次嘉庆在昆明湖畔的玉澜堂用膳时，看到一个太监出现在门口西侧，又匆忙退下，这让嘉庆感到十分不悦。不一会儿，一个花匠又出现在了门口，从东侧走向西侧。嘉庆实在掩饰不住自己的愤怒："这些下人为什么会出现在门口？难道就没有人事先告知这里的官员要清除所有闲杂人等吗？他们怎么可以允许任何人都能在朕的面前走来走去？"

对于王公大臣乘轿或骑马进入紫禁城的行为，嘉庆也颇为不满。他认为在皇宫这个神圣的地方，所有人都应该谦恭地步行。每一座宫门外的下马碑都不是无用的装饰，如果没有特别的恩准，文武百官到此都必须下轿下马，步行进宫。而无视这一规矩曾经就是和珅惹怒嘉庆的罪行之一。然而，一些王公大臣显然对和珅的前车之鉴没有足够重视，在和珅死后十年，他们再次犯下了同样的罪行。"如果有年迈的老臣因为身体原因，确实不便行走，必须如实上奏，并在宫门外候旨。在任何情况下，任何人都不得擅作主张，无视规矩。今后，如果再有骑马或乘轿进入

第二章 独立统治的开端

宫门者，侍卫必须将其拦下；凡有拒不下马者，必须上报其姓名，弹劾处罚"。

此外，由于紫禁城里的宫殿都是古代木构建筑，必须进行不间断的修缮和修复，因此一些工匠也会进入紫禁城这个神圣之地。在乾隆时期，由于在皇宫的修缮工程中可以拿到丰厚的回扣，所以太监们不顾规定，养成了不经奏准就擅自找来工匠的习惯。嘉庆认为是时候整治一下这种滥用职权的行为了，遂下旨将皇宫的所有修缮工作交内务府总管全权负责，并且每年年末都要向他呈送一份详细的工作报告。"朕一直强调应该加强宫门守卫。既然皇宫是一个应该被特别保护的地方，普通人就不得随意入内。至于工匠，由于他们人数众多，龙蛇混杂，所以未经盘查，且没有相关官员带领，绝对不可自由进出宫门。今后，无论是紫禁城还是圆明园的修缮工程，都可能需要更多的工匠，但是太监无权再自行找人进来，此项工作必须交给大内总管负责，由大内总管下达必要的指令，开放需要修缮的地方，并且每个月都要将所有经手的事务向朕禀报"。

比起宫门侍卫的玩忽职守，更让嘉庆恼怒的是铺张浪费的现象。嘉庆对节俭的崇尚，也许是目睹了乾隆中后期

奢靡享乐之风后的一种必然反应，这在某种程度上来说是一个优点。但是嘉庆的许多做法却几近于贪婪的掠夺，比如没收和珅的财产，对犯错的皇室成员夺禄罚俸，对于节礼和娱乐活动的极度削减等。太上皇驾崩后还未下葬，嘉庆就下旨拆除了父亲在奉天附近建造的一座行宫，而这样做只是为了节省当时恰巧需要进行修缮的开销。其实修缮那座行宫只需要花费 1000 两白银左右，并不是朝廷难以承担的支出。然而嘉庆连这么少的银两也舍不得出，甚至建议将拆掉的砖瓦和横梁回收储存，以备将来在奉天其他宫殿的修缮工程中再次利用。

嘉庆以传承崇尚节俭的传统美德来阐释自己的行为："满洲人有一个古老的习俗，当他们外出打猎时，总是会随身携带地毯、炉子和帐篷等物，这使他们能够在任何想停留的地方搭建营地。他们不知行宫为何物，因为他们崇尚简朴，不畏惧任何艰苦的环境。奉天（今辽宁省沈阳市）是我大清朝的发源地之一，当我们去那里祭拜祖先时，应当尽可能与当地的风俗习惯保持一致，而不能再像南巡时那样过度奢侈。豪华的行宫，在南方也许习以为常，但是与北方的习俗却格格不入。修建豪华的行宫这不仅助长了奢靡之风，背离了祖先尚简的传统，加重了百姓

第二章 独立统治的开端

的负担,而且还会在无休无止的修缮工程上浪费大量银两。因此,朕对此不予支持。"最后,嘉庆明确表示,将来当他来到奉天时,所有宫殿只需要打扫干净,而不需要任何装饰。这件事就发生在他没收了和珅的万贯家财之后。嘉庆在一则诏书上写道:"节俭是朕最崇尚的美德。"在另一则诏书中写道:"朕一直不遗余力地践行节俭的美德,如果所有的朝臣也能同样身体力行,我们的国家必定会更加富强。"无疑,这些都是他的肺腑之言。

嘉庆还提到了明王朝的骄奢淫逸:明朝时期,每年花在宫殿上的白银超过9万两,宫廷宴席的支出高达24万两,仅在木炭上的花费就达数千两。康熙帝和乾隆帝曾经大幅削减了这些开支,而嘉庆则恨不得将所有的花费全部取消。他的这些近乎极端的厉行节约的政策措施反而成为他越来越不受欢迎的原因之一。众所周知,这并不是源自一种苦行僧式理念的信仰,无论人们是否喜欢,是否赞成,但都很尊重这种信仰。而嘉庆提倡节俭,只是因为他喜欢积攒而不愿意挥霍。因此,当他在一个以丝绸生产为主要产业的国家,突然提议让大臣们穿单调朴素的棉布衣服时,真的让人感觉啼笑皆非。"东三省的士兵在护送皇家狩猎时不都是穿的棉衣吗?"嘉庆说,"让大臣

们效仿这样优秀的榜样,也穿上素净的棉布衣服出现在大家面前吧。"

在乾隆时期,精美的玉石曾一度备受追捧,用玉石制成的工艺品被雕琢得美轮美奂、巧夺天工。但是对于嘉庆来说,这些玉石就如同"粪土"一样。据传说,曾有突厥斯坦的三个伊斯兰教教徒开采了两块价值连城的超大玉石进献给嘉庆,大臣们建议皇帝对他们三人进行封赏,嘉庆不屑一顾地说:"这种玩意儿,虽然可能有几十斤重,但是与国家的安宁和百姓的富足相比,就是不值一提的。这种东西饥不可食,寒不可衣,只能用于观赏把玩,这种无用之物对朕来说没有任何吸引力。如果把进献巨大的玉石视为升官的捷径,那么人们就会沉溺于玉石开采,就会像传说中那样,做出'祈求玉石'的愚蠢行为。而真正有益于朝廷和百姓的事情,比如耕地,就没有人愿意去做了。这两块玉石就当作是常规贡品吧,如果非要朕将它们看作非常特别的东西,还不如让它们继续留在被开采的地方。"

通常情况下,一个人的节俭程度会随着年龄的增长而进一步加深。关于在五十岁寿辰时希望收到什么样的礼物,嘉庆专门告诫王公大臣,如果赠送任何珍珠或玉石制

第二章 独立统治的开端

成的东西,他看都不会看一眼,进呈书画或寿宴上所需要的少量食物就可以了,为此,嘉庆还特别下了一道谕旨。乾隆帝过寿时,曾在宫门附近搭建席棚,用于准备食物。嘉庆害怕要承担额外的费用,就坚决否定了这一做法,理由是宫中的御膳房已经有足够的地方和人手,足以应对寿宴的准备工作了。此外,他还坦率地说,宴会是为了将君臣聚在一起而举办的,食物就没必要过于讲究了。

1809年,嘉庆计划巡幸山西五台山,那里是中国佛教的四大圣地之一,也是清代皇帝经常巡幸之地。在商议前期筹备工作时,嘉庆明令禁止搭建假山、假亭、牌楼等一切浮夸点缀之物,甚至禁止在庙前设台演戏。"当朕拈香时,大喇嘛在庙前跪接,陈设梵乐,这就足够了,除此之外什么也不需要。搭盖假山,涂饰遮蔽,尤为可厌"。虽然嘉庆允许油饰牌坊和修缮寺庙,但是地方巡抚决不能忽视尽可能节约的必要性,只有确保将花销控制在皇帝能够接受的合理限度之内,才有希望获得朝廷奖赏。相反,铺张浪费可能会导致被革职或被流放的严重后果,这绝不是危言耸听。就在不久之前,内务府的一个大臣就因为花销超过皇帝所允许的范围而受到了严厉的处罚。

嘉庆一直保持着这种极度简朴的习惯，父亲的教诲渐渐被遗忘，无所不能的和珅已经被解决，兄弟们也都已安置妥当，曾经的大将军福长安只能在先皇的陵寝前哀悼反思，文武百官的俸禄已经被削减到了难以维持体面的程度，忠心耿耿的大臣小心翼翼地观察新主子的脸色行事，曾经欢歌笑语的宫廷因猜忌、窃听和流言被蒙上了一层阴郁的气氛。就这样，嘉庆开始了他独立执政的第一阶段。

清朝时期社会风俗图

向提督鞠躬的捕快

宫廷后妃

宫 女

北京的满族妇女

枪 手

盛装的武将

喇叭短铳

文 人

穿羊皮袄的大爷

剃头匠

木 匠

修鞋匠

朋友聚餐

狩猎归来的蒙古人

戴手铐和脚镣的犯人

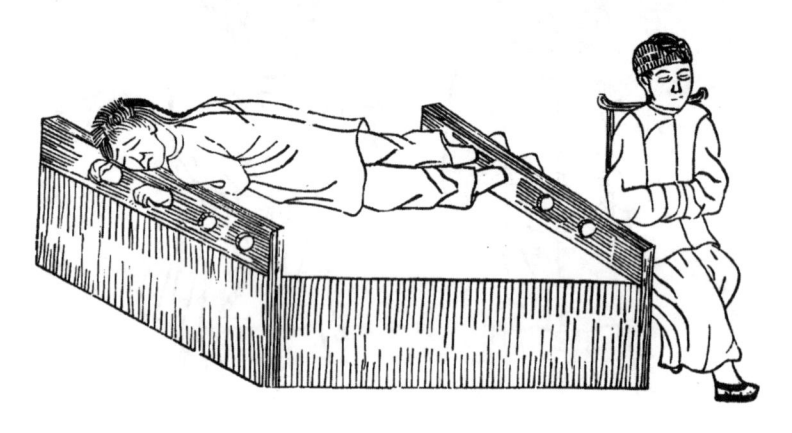

酷刑床

筵 席

中式客厅内部

四人抬棺材

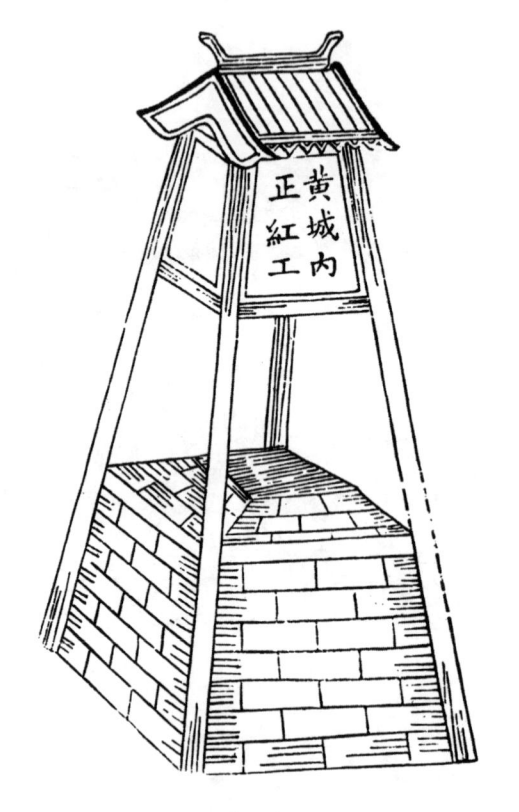

街 灯

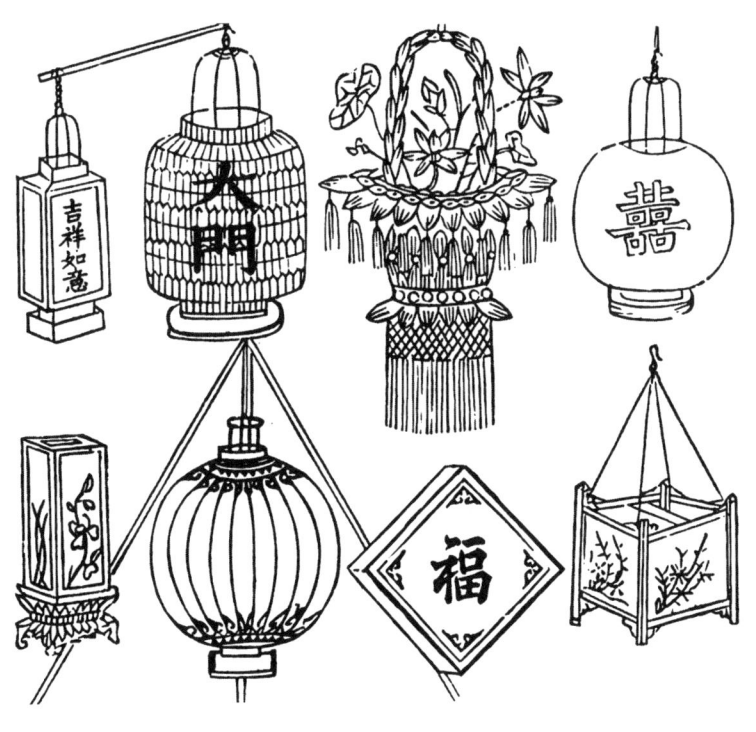

各种样式的灯笼

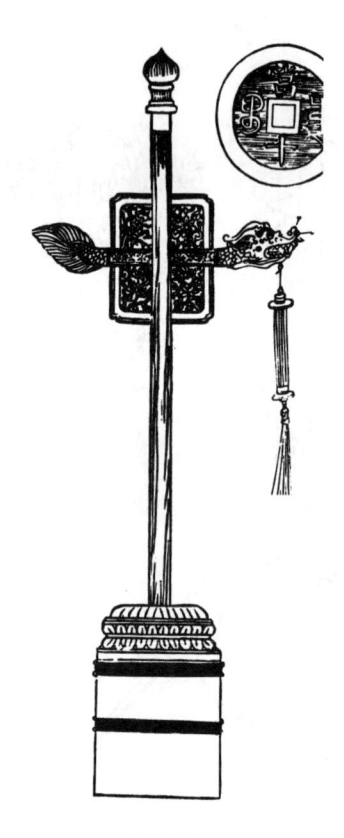

当铺的招牌

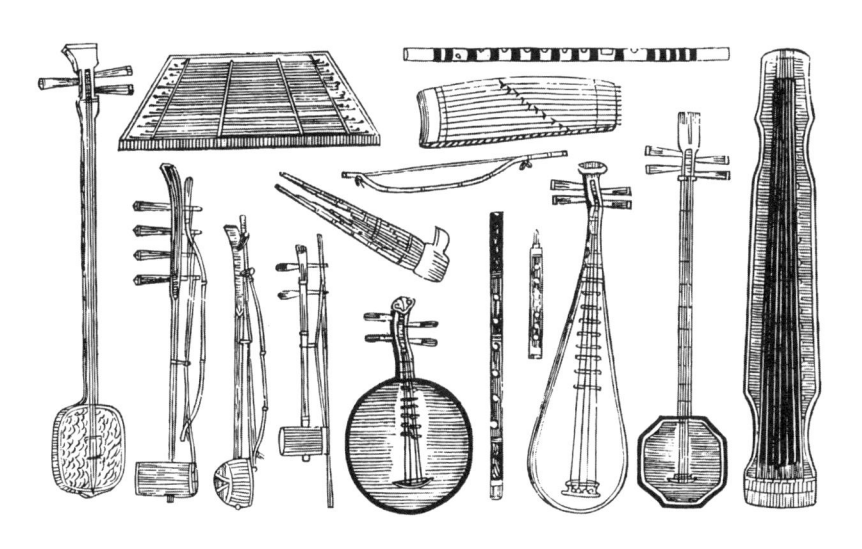

中国传统乐器

第三章

平定叛乱

第三章　平定叛乱

脱逃，再想找到他们变得非常困难。

镇压白莲教起义前后历时九年有余，最终，那些被嘉庆责罚过的将军还是取得了胜利。这在很大程度上归功于他们的战略战术，同时也有人心向背的因素。大多数百姓、学者、农民、商人、工匠，所有这些与国家唇齿相依的人，都对他们现在所拥有的一切感到满意，并不想改变现状。他们只是有时希望朝廷能够罢免那些性情暴虐、贪污腐化的官吏。而这样的愿望，随着时间的推移，自然就会实现，因为没有一个职位是终身制的。普通官员的任期是三年，最多可以再延长三年。至于国家的最高统治者——皇帝，无论他在皇宫里是否得人心，在千千万万的百姓心中，他可能只是一个概念和一个象征，与他的伟大祖先们一样神圣，象征着永恒与法纪。天子乃万民之首，他的存在被认为是为了有效地规范这个世界的运行规则，并使之与宇宙之道大致保持一致。沉默的劳苦大众，必然会将他们最珍视的和平与安宁，寄希望于天子身上，而不是寄希望于发动叛乱的人身上。文武百官也坚守着同样的信念，在他们当中，正直、忠诚、敬业，有才能的人占据相当高的比例。威严的皇权和正直的官员能够遏制滥权，

公正执法，为百姓伸张正义，也能够保证公共设施的维护和修缮，更能确保国库粮食储备充足，救济救灾物资及时公平发放。

在这种情况下，任何一个有理性的人，都不会再想着去复辟前明王朝。满族的八旗官兵驻扎在一些战略要地，进一步增强了百姓对满族统治者的信任。驻地官兵的铠甲熠熠生辉，装备精良。弓箭看起来还没有过时，大炮仍然令人生畏。士兵们能够定期领取军饷，军官们具有高度的责任感。八旗军队曾经取得过的辉煌战绩和英雄主义传统激励着每一个人。与此相比，那些叛乱者的吸引力并没有他们想象得那么大。从他们的供词和这次叛乱的整个过程来看，这些一心想复辟明王朝或者建立新王朝的人显然都是极其荒谬的。如果他们真的能取得成功，对于天下百姓来说无疑将会是一场灾难，因为他们的人生观从根本上已经扭曲了。他们狂热偏执，刚愎自用，根本不可能具备治理一个国家的能力。

在当时的所有教派中，影响最大的就是白莲教。实际上，很多其他教派都是白莲教庞大组织的分支，为了安全起见，它们伪装成不同的名称作为掩饰。白莲教的源头可以追溯到公元5世纪的白莲社。白莲社最初只是一个普通

第三章 平定叛乱

的民间宗教组织，后来在秘密结社过程中逐渐脱离正轨，走上歧途。东晋末年，庐山东林寺住持高僧慧远大师集结隐士高人结社学佛，专修净业，誓愿往生西方净土，他们掘池以植白莲，故称为白莲社。几个世纪后，白莲社得到了宋朝一位皇帝的青睐。也许是为了报答这位皇帝的知遇之恩，当白莲社从那个宁静的池塘边走出来，转变为一个带有政治目的的秘密组织时，他们组织了一场反元复宋的起义。其首领自称是宋朝著名的艺术家皇帝——宋徽宗的真正后裔，结果以失败而告终，身首异处。但白莲教徒从未停止过他们鼹鼠般的活动。

后来，白莲教又延伸发展了许多支派。这些教派并没有被彻底摧毁，反而在官府的压力下秘密发展成为更加庞大的地下组织，这些教派一旦被那些疯狂的首领所操纵，迟早会成为朝廷的心腹大患。

安徽的刘之协就属于典型的宗教狂热分子。1796年，他与另外两名白莲教徒被捕，受审后罪名成立，被判处死刑。然而，刘之协却设法逃脱了，并且成功躲过了多次追捕，直到1800年才再次被捕。和所有叛匪头目一样，他被关在木笼囚车里押送入京受审。最后，刘之协被凌迟枭示。这种刑罚就是把活人身上的肉一刀刀割去而致死，是

一种比欧洲曾经盛极一时的火刑更加可怕的死刑方式。为了逃避这样的极刑，一些教派头目在看到大势已去之时，宁愿以自杀的方式来结束自己的生命。他们有的跳崖自尽，有的跳河溺亡，还有的直接绝食而亡。嘉庆五年（1800年）八月，在凌迟处死刘之协后，嘉庆降旨"不加追究白莲教"，这个谕旨被广为宣扬，以期解散"教匪"余众。嘉庆在谕旨中反复强调，之所以凌迟刘之协，不是因为他是总教首，而是因为他"谋为不轨"，才对其处以极刑。

自白莲教起义以来，至少有四支叛军在四川一带暴动，他们通过旗帜的不同颜色来区分彼此：白色、黄色、浅蓝色和深蓝色。1801年，这些叛军遭到清政府的追捕围剿，随后便四分五裂，到处逃亡。很快，他们又躲进深山老林当中重操旧业，当起了土匪。在其他省份，如湖北、陕西、河南等地，白莲教也同样遭受重创，开始逐步走向衰亡。1802年底，嘉庆重重封赏了在镇压白莲教起义中取得辉煌战绩的将领。与此同时，他也清楚地意识到，无论是对军队功绩的认可，还是对叛匪的处决和流放，都不足以防止叛乱的再次发生。因此，嘉庆多次颁布诏书，安抚百姓，甚至用大段文字阐述教派主义的愚蠢和危险。

第三章 平定叛乱

"仁、义、礼、乐、名、法、刑、赏,凡此八者,五帝三王,治世之术也。佛教和道教敦促人们行善避恶,使人们免于误入歧途,故圣人和皇帝都支持众生信奉佛教和道教。但是白莲教却蛊惑人心,骗取钱财,坑害百姓。如果他们的活动只限于烧香祈福和为百姓治病,是真正出于慈悲和怜悯之心,那么他们的行为就不会和律法发生任何冲突。但事实上,他们只是把这些当成诱骗百姓、迷惑视线、策划谋反的幌子。因此,必须依据大清律法对他们进行严惩。白莲教为祸了许多地区,使无数忠诚善良的百姓因此遭受苦难,陷于水火之中。"

"这些教派秘密集会、四处募捐的行为扰乱了百姓宁静的生活。朝廷的官员应该正确引导百姓,宣扬正学,以诚待人,以仁教人,使百姓学会辨别真伪,遵守国家的律法。只有这样,不明真相的普通百姓才会得到启发,与邪教保持距离;只有这样,国家才能和平,百姓的生活才能回到正轨。这是朕最希望看到的。"

"如果人们不断追求正义与和平,那些歪门邪道自然就会无处栖身。作为天朝的最高统治者,改变应当从朕这里开始。因此,朕日日孜孜不倦,励精求治,正朝廷以正百官,为万民做榜样。三位皇祖把国泰民安、国强民富的

遗产传给了朕的父亲。先帝更是鞠躬尽瘁，爱民如子。当朕恭敬地从先帝手中接过这份伟大的遗产时，朕努力遵循先帝的理念和原则，沿用先帝的治国政策：勤政为民，仁厚治国。但是朕现在每日每夜都深陷忧虑之中，因为百姓的思想发生了巨大变化，已经与旧时不同了。"

嘉庆的担忧不无道理。古老的信仰逐渐衰落，传统的约束不断松懈，新的欲望与思想的冲击正在不知不觉中出现。嘉庆是一个警惕性非常高的人，他能够在当下的平静安宁中察觉到危险的信号。作为补救措施，嘉庆命令所有官员每两个月都要举行一次公开阐释经典的《圣谕十六条》的活动，通过这样的方式对百姓进行道德教化。在一个多世纪以前，嘉庆的曾祖父康熙帝就是用这份圣谕安抚臣民的。康熙帝颁布的《圣谕十六条》内容简练，通俗易懂，规定了大清臣民的基本义务以及应当遵循的日常行为规范。孝悌之道、团结和谐、邻里互爱这几点被放在了第一位；其次是重农桑、尚节俭、尊师兴学；然后是黜异端、崇正学、文明礼让、儆戒愚顽；行善去恶、远离争讼、按时纳税等也都一一被强调，尤其是按时按量纳税这一条，一直以来都是统治者不断向百姓灌输的思想。

嘉庆深信不疑地补充道："如果每个家庭都能够领会

第三章 平定叛乱

和践行《圣谕十六条》，百姓的心灵就会被唤醒。他们就会感受到什么是仁慈，什么是不可以漠不关心的事情。他们也会明白如何向善，如何避恶，应该做什么，不应该做什么。这样一来，正确的思想就会引导正确的行为，异端邪说就只能自行消亡了。"事实证明，嘉庆对于未来的这种预期过于乐观了。异端邪说并没有自动消亡，只是躲到了更加隐蔽的角落里。

嘉庆八年（1803年），紫禁城内又发生了一起惊天大案：皇帝在宫内遭遇刺客。嘉庆虽然没有受伤，但也因此受到了不小的惊吓。发生在皇宫里的刺杀案如同一场政治强震，惊动朝野。但是这位刺客似乎既不属于白莲教，也没有受其他秘密结社组织操纵。他至死都不承认背后有指使者或同谋者。他应该就是一个既可怜又可悲的普通人，被残酷的生活和不公平的命运折磨成了一个精神不正常的疯子。他不愿意承认这个世界本来就是残酷的，本来就是不公平的，而是把这一切都归咎于国家最高统治者的邪恶与无能。因此，在他的眼里，刺杀皇帝似乎成了一种英雄主义的行为。他错误地认为，只要皇宫里的皇帝死了，这个世界的残酷与不公就会自动消失，一切就会自动恢复理想的状态。

事情发生在嘉庆八年（1803年）闰二月二十日。这个刺客是满族人，名叫陈德。他曾经是御膳房的厨子，育有两子，被内务府打发回家后，生活没有了着落。他饱尝辛酸，穷困潦倒，十分苦闷，精神也变得不正常起来。他偶然间得知皇帝从圆明园返回紫禁城的具体时间，也许是因为春天来了，容易让人躁动，这个疯子居然做出了无比疯狂的举动。陈德首先悄悄混进了东华门，然后绕到了紫禁城北门——神武门，潜伏在神武门旁边的顺贞门外的墙后，在那里一直等待嘉庆銮舆的出现。当嘉庆的銮舆进入神武门，刚要转向通往绿树香花的御花园的顺贞门时，陈德突然蹿出，手持尖刀，直奔銮舆冲了过去。幸好他迟了一分钟，銮舆已经穿过了顺贞门，嘉庆被抬到了安全的地方，甚至都没有看见刺客的脸。这个疯子并没有放下武器束手就擒。他装备精良，身体强壮，尽管身处绝境，还是进行了疯狂的抵抗。嘉庆的侄子、御前大臣定亲王绵恩，第一个冲上前去拦阻刺客，所幸他最后只是受了点轻伤。乾清门侍卫丹巴多尔济则以命相搏，身中三刀。因为需要留下活口，不能将刺客打死或打成重伤，所以在经过一场相当激烈的混战之后，众人才终于将其制服。

第三章 平定叛乱

从陈德被抓的当天起,嘉庆就命令军机大臣会同刑部日夜严审,一心要挖出行刺事件的幕后主使。嘉庆怀疑这背后隐藏着一个巨大的阴谋,希望通过严刑逼刺客供出同谋之人。但是,陈德"所供情节,出乎意料",他坚持一口咬定没有受到任何人的指使。第二天,嘉庆又加派满、汉大学士和各部尚书,对陈德进行会审。在这一连串的审讯过程中,陈德受尽了各种各样的酷刑。大刑之下,皮开肉绽的陈德"仍如前供""矢口不移",一直坚称自己完全是独立行动,既没有指使者,也没有同谋者。

嘉庆最终相信了刺客的供词。从嘉庆颁布的诏书的内容推断,应该是他自己选择了相信。此时,宫廷内外已经人心惶惶,纷纷猜测陈德在朝中到底与谁同谋。如果陈德在严刑之下,随意攀咬朝中大臣,势必会引发局势动荡。于是嘉庆下旨停止审讯,立即结案。"朕绝对是一心一意地统治国家。在朕执政的这八年里,或许朕的一些造福于民的良好愿望未能如期实现,但朕从未错判过任何人死刑,因此,朕不可能招致任何人仇恨。对朕来说,朝中的每一位大臣都和与朕血缘最近的宗室皇亲一样珍贵。朕怎么可能让一个精神不正常的刺客将忠心耿耿的大臣牵扯进来?芸芸众生,性情各不相同,正如一只狗也会因为自

身的邪恶冲动去咬人，而并不是因为任何人的命令。这个刺客虽然没有受到任何人的指使，但是朕心中仍然深感不安，朕担心是因为自己有失正义才导致了这一可悲事件的发生。所以朕将审视自己的内心，改正自己的不足，更加励精图治，勤政爱民"。

尽管嘉庆出于仁慈之心进行了谦卑的忏悔，然而最终他还是将这次事件的主要责任都归咎于那些失职的大臣和侍卫。他们工作懈怠，疏忽大意，护驾不力，在危急时刻竟然无动于衷，躲在一旁，袖手旁观。他们也需要认真审视一下自己的内心，试着找回最后一点良心和羞耻心。

最后，刺客陈德被凌迟处死。对于大逆罪，朝廷是必须要斩草除根的。陈德的两个儿子都未能幸免，也在同一天被处以绞刑。救驾有功的定亲王绵恩和固伦额驸拉旺多尔济，都被赏赐了御用黄马褂，绵恩的儿子奕绍也被封为贝子。乾清门侍卫丹巴多尔济被封为贝勒，晋升为御前大臣。其他几位护驾有功的人员也得到了应有的奖赏。而那些失职的官员，如神武门护军统领阿哈保、顺贞门护军副统领苏冲阿，均因对陈德行刺事件疏于防范，被予以革职。其余护卫也都受到了降级、罚俸等处罚。

行刺事件发生后，嘉庆利用这个机会，又再次重申了

第三章 平定叛乱

他最喜欢的话题——宫门的安全问题。他下旨将乾隆时期挂在宫门守卫处的木牌全部重新更换：一定是旧木牌上的守卫职责因为年代久远而模糊不清了，侍卫才会如此疏忽大意。嘉庆要让守卫宫门的官兵牢记此次教训。新的木牌上除了继续刻有乾隆时期的规定外，嘉庆又增加了许多新的要求。

接下来的一个月，春雨迟迟未至。嘉庆决定去西山附近的寺庙祈雨。传说掌管当地降雨的黑龙就盘绕在那里的一潭池水之中。嘉庆像一个谦卑的祈求者一样，亲自爬上通往祭坛的一级一级陡峭的台阶，虔诚地祈祷龙王为百姓降下迫切需要的甘露。不久之后，奇迹真的发生了，天空真的降下了大雨。只有真命天子才能做到这些，而这也无可争辩地证明了嘉庆仍有资格统治国家，任何想要索取他的性命的疯狂企图都注定会失败。那个疯狂的厨子很快就被人们淡忘了。守卫宫门的官兵在这次刺杀事件发生后的几年里，都时刻保持着高度的警惕性。

然而，在京城的其他地方，警惕性就不那么高了。1703年，在北京传教的耶稣会士在康熙帝赐予他们的土地上建起了天主教堂，开展科学、艺术活动，执行外交任务。随着耶稣会传教士的人数逐渐增多，清政府成立了一

个特别机构，专门负责密切关注这些"西洋"教区居民的一举一动。后来，由于愈演愈烈的中西"礼仪之争"惹怒了康熙帝，清政府遂实行了禁教政策。由于耶稣会采用的是尊重中国传统礼仪的福传策略，所以多少获得了一些生存空间。但是，由于耶稣会在罗马教廷的势力不断下降，1773年，罗马教皇正式下令取缔耶稣会。那一纸教皇诏书，明显是出自多明我会之笔，也是他们阴谋对抗耶稣会的一个举措。出于对权力的欲望，他们嫉妒耶稣会士的财富和影响力，憎恶耶稣会士的多才多艺和渊博的学识。1775年，取缔耶稣会的命令传到了中国，在中国传教的耶稣会随之解散。天主教遣使会接替了耶稣会，负责天主教在中国的大部分传教任务。

虽然被正式剥夺了存在的权利，这些耶稣会士仍然留了下来，继续为乾隆帝画与真人同等大小的肖像画，并为乾隆帝的马、猎犬、猎鹰和花朵作画，为宫廷制造钟表和机械器具，还为正在建造和装修的新宫殿前的池塘设计喷泉。这些耶稣会士还精通另外一种技艺——通过观测天象来制定历法。在这个领域之中，渊博的科学知识使他们一直深受清政府的赏识，他们从而被罩上了无所不知的光环。然而在1793年，当英国政府派出的访华使团到达京

第三章 平定叛乱

城后，京城钦天监里知识最渊博的欧洲人——一位葡萄牙籍主教，竟然被英国使团带来的一个天象仪难倒了，这让英国使臣觉得这些人的光环和本领不过是些华而不实的伎俩罢了。这位葡萄牙主教也承认，他和钦天监里的其他欧洲人确实不足以胜任他们的工作，因为他们掌握的天文知识已经在整体上落后于西方最新的科学成果了。

直到1822年，罗马天主教教皇才被迫承认哥白尼的日心学说和地动学说。总体来说，当时的耶稣会、遣使会、奥古斯丁修会以及多明我会的传教士，他们的精神成果并没有明显优越于中国学者。然而这些传教士却强烈渴望改变中国人的信仰，并将其作为一项神圣的使命。嘉庆的父亲乾隆帝曾经严令禁止这种传教行为，因其对"礼数风俗以及民心"有害。嘉庆也完全赞同禁教政策。他对这些西方宗教宣扬的内容十分不满，比如，"谁信奉其他宗教，谁就是撒旦的奴隶""中国深陷于无尽的黑暗之中"等。他们甚至还编造了一个满族贵人的故事：这个满族贵人一生都不行公正之事，也不听从受洗的妻子的劝告。有一天，一群魔鬼抓住了他，把他带到了地狱。而天堂里的上帝，念在他的妻子虔诚、善良，便将她的丈夫要在火海里永受煎熬的事情告诉了她。嘉庆愤怒地谴责这个故事是

"毫无意义的、狂妄的、非理性的、具有误导性的",是"鲁莽之口的叛逆之言",而且"这个故事没有任何事实依据,如果京城西洋教堂的教徒们能够凭空编造出这样没有一丝真实的谎言,那么还有什么更大逆不道的无稽之谈是他们说不出口的呢?如果再不采取严厉措施加以制止,势必会产生更多的事端"。

然而更为严重的是,人们发现那些欧洲的天文学家,或者更确切地说,那些受雇于京城钦天监的负责观测星象的欧洲人,并没有将他们的非法传教活动限制在被遗弃的孤儿、没受过教育的穷人等无足轻重的人群范围内,他们竟然胆大包天地将"诱饵"抛向了更大的鱼——皇室宗亲。这些"大鱼"在吞下了"诱饵"之后,便欣然投向了圣母的怀抱。他们期望得到罗马教廷向他们允诺的生前和死后的福祉,然而在那些遥远的允诺还没来得及实现之前,这些不幸的皈依者的所有美好愿望就被他们眼前的最高统治者无情地打碎了。

尽管嘉庆和他们是亲戚,身体里流淌着同一个祖先的血液,但是当这些皇室成员皈依了朝廷明令禁止的西方宗教时,已然从单纯的违法行为上升为皇室宗族的严重丑闻了。虽然由于他们祖父曾经的一次过失,他们已经失去了

第三章　平定叛乱

佩戴彰显近亲宗族最尊贵地位的黄腰带的资格，只能佩戴第二等级的红色腰带，但是腰带颜色的变化并不能改变血缘关系，他们仍然是努尔哈赤的血脉。这就确保了他们与努尔哈赤的所有后代，包括身份最高的皇位继承人之间的亲戚关系。他们原本是天生的中国传统信仰和文化的守护者，却没有经得起外国传教士花言巧语的诱惑。

事实上，这些外国传教士正是利用了雇用他们的国家热情好客的传统，这实在是不可原谅的耻辱。当信教之事被发现之后，这些皇室成员仍然固执地坚守新的信仰，不肯悔改。来自身边人的劝阻和反对不但没有减少他们的固执，反而更加激起了他们的狂热。他们不顾祖先的传统，不顾自身的利益，甚至不为家人考虑，义无反顾地走向殉道者之路。当他们被革除宗室、革去红腰带，当他们的脖颈被套上六个月的沉重枷锁时，他们是否依然认为这种行为是光荣和伟大的？他们被流放到伊犁，那里的土地肥沃，树木葱郁，牧场宽广，建筑精良。在那里，他们被安排一些不太繁重的工作。或许只有这样他们才能远离欧洲传教士的影响，才能恢复身心的平静。当然，他们必须小心行事，如果企图逃跑或制造其他麻烦，伊犁将军有权处死他们，但前提是必须得到皇帝的批准。

与此同时,其他被逮捕的皈依天主教的人,因携带劝诱信而被定罪的平民百姓,以及因传播"误导性教义"而被治罪的普通士兵,也全部被流放到伊犁,他们的脖颈上也被套上了三个月的枷锁。还有一位女执事也被流放到同一个地方,被当地的士兵当成了奴隶。而那些被动信仰了天主教的满族人,只是从旗籍中革除了名字。这样的惩罚听上去似乎并不是十分严厉,但是对于他们来说,这意味着被剥夺了赖以生存的经济来源,最终可能会落魄到以沿街乞讨为生。另外还有7个皈依天主教的人,因为不想在被流放的路上艰难跋涉,便答应捣毁和践踏十字架以示悔改。所有自愿放弃天主教信仰的人都必须做出这样的举动以示决心,然后才能重获自由。但是他们往后的一举一动都会受到当地官员的严密监视,如若被发现有丝毫恢复信仰的迹象,就会受到更加严厉的惩罚。

引起这一切的是一个叫阿迪奥达蒂(Adeodati)的传教士。阿迪奥达蒂于1756年出生于意大利的那不勒斯,他是奥古斯丁修会的修士,同时也是一个钟表匠和机械师。他的这些才能引起了天主教传道总会的注意,并将他以钟表匠的身份派往中国北京。当时京城的大户人家,包括皇宫,都十分流行摆设西洋钟。钟声嘀嗒回响,成为当

第三章 平定叛乱

时的一种潮流和时尚。因此，钟表匠在京城非常受欢迎。从1784年起，阿迪奥达蒂就受雇于清朝皇室，他的手艺得到了朝廷的赞赏，还受到了封官嘉奖。1793年马戛尔尼使团出使中国时，乾隆帝还曾特许阿迪奥达蒂当面拜访马戛尔尼伯爵。

后来，耶稣会被取缔，法国大革命爆发，再加上嘉庆进一步收紧了清廷的财政支出，钦天监就越来越难以雇到哪怕是勉强能胜任工作的外国人了。因此，像阿迪奥达蒂这样的西洋钟表匠也被派往北京东城墙上的观象台，去观测宇宙这座"大钟"了。尽管阿迪奥达蒂的新工作是观察星象，研究天文，但是他很快就将注意力转移到了其他事情上面，因为被禁止的事情，总是很有吸引力。阿迪奥达蒂先将清政府明令禁止传播的天主教传单翻译成中文和满文，再用木制印模大量印刷，然后通过皈依天主教的中国百姓将其秘密散发出去。不幸的是，这些违禁资料，包括山东省地图，在被送往澳门的途中，都落到了清政府的手中。

山东是一个容易从海上受到攻击的省份。这样重要省份的地图如果被秘密运送到欧洲，后果将不堪设想。欧洲这个噩梦般的地方，每年都会向中国海域派出速度惊人、

危险狡猾的船只，而且数量在不断增加，所以必须尽快将走私地图的不法分子绳之以法。然而，嘉庆回想起之前大范围清剿白莲教徒所引发的灾难性后果，最终决定这一次采取相对温和的做法，将调查范围限定在那些真正有嫌疑的人身上。毫无疑问，阿迪奥达蒂既是钟表匠、机械师，又是天文学家、宣传者，拥有如此多的重要身份，很快就被锁定为最大的嫌疑人。

于是，阿迪奥达蒂遭到逮捕并接受审讯。除了能证明他有罪的山东省地图之外，官府还搜出不下31本禁书的翻译稿。由于他是西洋人，所以对他最严厉的处罚只能是将其遣返意大利。但是，嘉庆称阿迪奥达蒂的行为实在"可恶"，认为这样的处罚太轻，于是将其改判流放热河。四年后，阿迪奥达蒂获得释放，重获自由。由于厌倦了北方地区的生活，他后来选择在基督教徒心中的热带天堂——马尼拉安了家。他翻译的31本禁书全部被销毁，被搜查出来的天主教会的木制印模也全部被付之一炬，没有留下任何东西。

从此，凡是涉及西洋人与汉族人、满族人，尤其是与满族旗人之间的一切交往，都被严格禁止。满族人的阅读范围只能限于中国的经典古训，并且要比以往更加努力地

第三章　平定叛乱

专注于他们真正的天职,发扬他们古老的传统——弓马骑射。17世纪,康熙帝在位时期,耶稣会在中国发展很快,建起了一百多座教堂,除了北京,还遍布于今天的浙江、福建、河南、湖北、江苏、广西、广东、山西、陕西、山东、四川、云南、河北等省份。但是从18世纪开始,由于康熙帝及他之后的雍正帝和乾隆帝都实施禁教政策,在中国的耶稣会受到了严重的打击,濒临绝境。1814年耶稣会的复兴也没能改善他们在中国的处境,因为1813年发生的天理教袭击皇宫事件使清政府对异教徒实施了更加全面的抵制和更加严厉的打击。西方传教士再也不可能像那不勒斯钟表匠那样,仅仅被流放热河四年,就能轻易地离开中国了。

嘉庆二十年(1815年),清政府颁布了一项新法令,无论是外国人还是中国人,非法传教一律判处死刑。有几位西方传教士就为他们不顾禁令继续颠覆中国古老信仰的行为付出了生命的代价。1817年,湖北省的37名天主教徒主动交出了他们的宗教书籍、耶稣受难像和十字架,以求获得官府的赦免。第二年,又有40余人纷纷效仿,以避免受到严厉的惩罚。在此后的三十多年间,残余的西方传教士全都小心翼翼,竭尽全力躲避官府的追查。西方的

传教活动在这段时期几乎没有取得任何进展。

自从受到清政府全面镇压之后，白莲教这个名字已然成了一个明面上利用宗教的幌子，打着信仰的旗号，暗地里密谋叛乱的邪教组织的代名词，成了一个臭名昭著的标签。继白莲教之后，又出现了各种各样的民间结社组织，他们的名字让地方官员听起来没有那么刺耳。比如，以植物命名的有龙花派，以受人喜欢充满力量且具有吸引力的虎尾鞭，无可指责的父母教。此外还有最受欢迎的古老的八卦教，他们以每个人都应遵循的无懈可击的天理作为掩饰，后改名为天理教。

1813年10月，正是这个在直隶（旧省名，相当于今河北省）、河南、山东一带活动的宗教组织，在两名狂热分子的带领下，投下了一枚"炸蛋"，随之破壳而出的是一个和著名的盖伊·福克斯的火药阴谋同样戏剧性的阴谋。同样的戏剧性，同样的徒劳，最终都以失败而告终。在这次暴乱中，无数正义的、邪恶的和无辜的鲜血染红了大地，但是真正需要改变的一切却都没有得到改变。无论是天理教的首领还是教众，都没有更清晰、更成熟的认识。两名狂热的首领只是盲目地仇恨一切既定秩序，并没有成熟的思想和信念，也没有切实可行的实施方案。

第三章　平定叛乱

在朝廷眼中，他们的所作所为只不过是些蛊惑人心的破坏活动。

天理教秘密打着"反清复大顺"的旗号。而"大顺"将由李文成来做皇帝，他自称"大明天顺李真主"，是河南滑县当地的"李自成转世"。清政府曾经在滑县对白莲教进行过残酷的镇压，在镇压过程中所引起的百姓的怨恨和不满一直被天理教所利用，成为一个名正言顺的复仇理由。李文成最初是一名木匠学徒，也是虎尾鞭组织的成员。他偶然间发现自己可能拥有通灵的天赋和体质，于是改行做起了职业占卜师。在他宣扬的充满神秘色彩的世界中，一切皆有可能，正常的因果规律被颠倒。迷信李文成天启智慧的百姓自然成了他的忠实追随者。

天理教徒将太阳看作万物之源、创生之主，在每日黎明和黄昏时刻，他们都要朝拜太阳，同时口中念诵神秘的咒语，无非是治病消灾之类的话。他们传习"真空家乡，无生老母"八字真言，被不断灌输刀枪不入、诸神难侵的信念。如果没有这样一种信念，这群原本天性谨慎、爱好和平的百姓不可能被煽动起来，举起他们的拳头对抗官兵锋利的武器。而李文成天生精明，不会被这样荒谬的幻想所左右，他明白只有将同样锋利的武器握在拳头里，才能

大大增加成功的机会。因此，当李文成被推选为当地的天理教首领后，便立即着手秘密制造武器。天理教的另一个首领林清，则以被曲解的佛教经文为理论依据，通过观测星象和复杂的计算，宣称已推算出清政府行将就木，将让位于转世的"闯王"。

嘉庆十七年至十八年间（1812年至1813年），天理教所在的直隶、河南、山东三省连连发生自然灾害，导致农业歉收，造成了百姓衣食无着、饥荒肆虐的悲惨局面。这成为天理教鼓动百姓造反的一个重要理由。旱、涝、蝗虫、地震这样的自然灾害都被他们解释成为上天对人类的惩罚。如果上天对天子不满，不再庇佑天子，他的王朝怎么可能再延续下去。1812年夏天，天气异常炎热，气温比往年高出一倍。嘉庆不得不先后两次爬上陡峭的台阶，向龙王祈雨，然而这对于挽救干枯的庄稼来说已经于事无补了。更糟糕的是，接下来的一年更加反常，出现了非常罕见的闰八月，扫帚星也再次出现在天空中。扫帚星是彗星的俗称，原本是正常的自然现象，却一直被看成不吉利的象征，民间还流传着"天上出扫星，地下动刀兵"的说法。这样的局面让所有百姓都深感不安，此时此刻的他们比以往任何时候都更容易受到煽动和蛊惑。

第三章 平定叛乱

京城一带的天理教首领林清正是利用这些异常天象来迷惑和煽动百姓。林清对朝廷心怀怨恨。嘉庆十二年（1807年），林清拜宋进耀为师加入荣华会。后遭人告发，林清与宋进耀等4人被捕，被押往直隶总督衙门受审。宋进耀等人被判刑，林清因入教时间较短，受杖刑后获释。自此林清便有了殉道者的光环，后来被推举为天理教教主。而这次被官府抓捕的经历也使他们后来的行动变得更加小心谨慎。

林清住在直隶大兴县黄村（今北京市大兴区）。他将天理教的反动书籍藏在家中墙上的一个秘洞里，也从未在公开场合炫耀过他的道帽和有神秘八卦图案的先知斗篷。林清多次与李文成一起密谋，很快就编织好了一张阴谋大网，范围从河南开始，经山东、直隶南部，直指紫禁城的核心。他还策划了里应外合的起义计划，提前打通了皇宫内部看似微不足道但往往具有决定性影响的人——大内太监。给天理教做内应的6个太监其实从未有过与嘉庆直接接触的机会，他们很可能是对嘉庆过于严苛的经济政策有所不满，于是便毫不犹豫地加入了这个为他们编织了改变命运的神话的教派。现在处在皇宫最底层的他们，也幻想着将来有一日可以高高在上，向别人发号施令。领头的太

监叫刘得财,过去常常和一个同村的老乡在东华门或西华门外的饭店里会面。他的这个同乡其实是林清的密使,他不断给刘得财灌输天理教的反动思想。天理教宣扬的刀枪不入的传说和其他一些神话都让这个小太监对未来产生了无尽的遐想。于是,他将这种"致命病毒"也传播给了其他5个太监。他们也开始在早餐或晚餐时来到饭店的角落里与林清的密使会面,有时林清本人也会一起来。

嘉庆当时并不在宫中,每年的这个时候,他都遵循祖制在热河进行木兰秋狝。按照天理教南北两位首领的计划,转世的"大顺皇帝"李文成将从河南起兵造反,然后迅速北上,呼应夺取紫禁城的京畿教众;届时,南北两支天理教人马将合攻紫禁城,夺取政权。所有参与造反的教众都用白布裹头、缠腰,以白色旗帜为号,上面写着"顺天保民"四个大字,这也是吸引大众的一种宣传手段。林清与李文成利用古历法"星射紫微垣,主兵象"的说法,扬言星象示变,起兵是天意,并精确推算出"应在酉之年,戌之月,寅之日,午之时,故以嘉庆十八年九月十五日午时起事",即癸酉年(1813年)九月的满月之日是实施他们伟大计划的最吉利的日子。

嘉庆十八年(1813年)七月,嘉庆带着大批王公大

第三章 平定叛乱

臣和马队辇舆，浩浩荡荡向木兰围场进发，不久即抵达热河，安顿于避暑山庄，并开始了木兰秋狝。嘉庆很喜欢狩猎，他的箭法高超，可以一箭射死一只敏捷的瞪羚或者受惊的雄鹿。而嘉庆最喜欢的皇次子绵宁（旻宁），也就是后来的皇位继承人，同样精于骑射，也是一流的射手。他的这个本领很快就在天理教袭击皇宫事件中意外派上了大用场。嘉庆担心过度沉迷于狩猎会耽误绵宁的功课，所以在九月的第一天就将他先送回了紫禁城。而正是在这个月的满月之日，绵宁在紫禁城遭遇了天理教徒攻袭皇宫事件。

在行动的前一天，林清带着两位天理教头领来到了紫禁城外，与做内应的太监秘密碰面，这两位头领届时将带领教众从东西两侧同时攻入皇宫。随后在这几个太监的带领下，他们毫不费力地穿过了迷宫般的围墙、甬道、门廊和庭院。林清十分兴奋，因为一切进展得似乎都很顺利，行动之前的最后准备工作没有出现任何障碍，没有引起任何人的怀疑，而且200名天理教众个个意志坚定、视死如归，足以攻占紫禁城了。而嘉庆皇帝远在热河，皇子们还在读书学习，把守城门的官兵也都是一副度假般的悠闲模样，他们把嘉庆一直强调的宫门安全问题又抛诸脑后了。其实，林清等人的计划曾经走漏过风声。事变发生之

前，有人秘密将天理教密谋起事的消息禀报给了豫亲王裕丰，包括起义的时间、路线等具体信息。但是豫亲王裕丰却认为京城一切如常，如此和平安宁，没有任何不安定的迹象，因此对这个警告毫不在意，也没有采取任何措施，甚至没有通知皇宫守卫加强戒备。当然，他也没有想到自己将会为这一次的盲目乐观付出多么高昂的代价。

林清在做完最后的准备工作后，十分满意地回到大兴黄村的家中，期待着河南的天理教众取得胜利后尽快北上与他会合。借着明亮的月光，林清把他藏在墙洞中的经书拿了出来，最后又核对了一遍书中令他期待的所有预言。

第二天一早，即具有决定意义的九月十五日，林清的密使在东华门外与太监刘得财碰了面，这次是在一家酒铺里。也许是因为行动时刻即将到来，他们需要喝点酒来壮壮胆。林清的密使将天理教的白色标识交给了刘得财，以此将几位做内应的太监与其他人区分开，以免届时错杀自己人。天理教的教众则一大早就集结在菜市口，因为早上聚集在那里不会引起特别的注意。临近中午时分，他们兵分两路，一路向东，一路向西，分别从东华门和西华门闯宫。去往东华门的队伍与刘得财碰头，由他引入紫禁城。刘得财因为一大早喝了酒，酒劲儿还没过去，仍然感到头

第三章 平定叛乱

昏脑涨。当他们在东华门前与一辆送煤车堵在一起时，他竟然和送煤人争吵起来，而且越吵越激烈。在争执的过程中，刘得财的外衣意外被掀了起来，里面明晃晃的刀一下子露了出来。刹那间，守门官兵度假般的悠闲心情顿时消失得无影无踪，慌忙关闭东华门。刘得财见状立即停止了争吵，迅速向城门扑了过去，其余天理教徒则紧随其后。在厚重的城门被猛然关闭的一刹那，只有十几个教徒从尚未闭合的门缝中挤了进去，多数教众则被关在了门外。他们群龙无首，只能混在百姓当中四散而去。

宫门守卫还没有来得及从震惊中缓过神来，刘得财已经带着这一队教众直奔苍震门，去那里找平时与他有过嫌隙和过节的太监泄私愤，出其不意地杀死了很多太监。一个工作勤勉的管理档案文书的官员，此刻正要离开房间，到外面呼吸一下新鲜空气。他突然听见一阵嘈杂的脚步声，刚想走上前去看个究竟，就被刀剑的霍霍白光晃了双眼：一群手持武器的暴徒正朝着他这个方向奔来。他急忙往回跑，但还是不够迅速，闯宫者已经看见了他身上穿的官袍，认出他是一个满族官员，立刻向他追杀过去。他的一个下属为了救他，奋勇上前与暴徒搏斗，不幸的是很快就被斩于刀下。但因为这名下属的挺身而出，他才得以藏

身于一个橱柜之中，逃过了这一劫。这个官员在橱柜里躲了整整三天三夜，一直吓得四肢瘫软。与此同时，宫中的守卫已经追赶上来，守城军兵也纷纷赶来增援。闯宫的十几个教徒开始感到害怕，不敢再乱闯乱撞，因为他们没有足够的人手对抗从皇宫的四面八方不断涌出的官兵，也无法与从西华门闯宫的另一路队伍取得联系。

西路的天理教徒在太监杨进忠、高广福的带领下，也已杀死守卫，顺利进入了西华门。然而，此时的紫禁城内已经警报四起，清宫轮值侍卫早已各就各位，所有宫门都已全部紧闭。他们被困在无尽的高高的红墙之间，无路可寻。这时他们当中有人开始感到困惑和绝望。带头的教徒见状，急忙展开了写有"奉天开道"四个大字的白色旗帜来鼓舞士气，并且为他们在头上戴好白色头巾，开始组织翻越宫墙。一部分教徒翻越成功，闯入了富丽堂皇的慈宁宫，马上跑去伙房纵火，企图制造更大的混乱，但很快就被赶来的官兵射杀。在熙和门外，太监高广福带领教众沿着马道冲上了城墙，在城墙上举起了"顺天保民"的白色大旗。高广福正在摇旗的时候，突然被一颗飞来的子弹击中，倒地身亡。在养心门外，天理教的教众搭乘人梯攀墙，闻讯赶来的皇次子绵宁架起鸟枪，枪法精准，亲自射

第三章　平定叛乱

杀了2个人。失去了3个最勇敢的同伴，其余教众顿时士气低落，陷入了愤怒和恐惧交织的混乱之中。

此时，京城的军队已经全部被调集起来，官员也都被召集到位。其中一名官员当时正在和仆人下棋，接到命令后立即叫人牵来马匹，翻身上马直奔皇宫北门，速度竟然比平时快了两倍。健锐营与火器营的援军也正加紧步伐赶往皇宫支援。闯宫者仍然盼望着天理教援军的到来，仍然期待着奇迹的发生。然而，他们的期待永远也不会变成现实了。随着天色逐渐变暗，夜幕慢慢降临，闯宫教众的人数在不断减少，而支援皇宫的官兵数量在不断增加。发自心底的恐惧开始向他们袭来，他们不明白到底什么地方出了问题，上天为什么不再帮助他们。他们现在面临的不仅是计划失败和牢狱之灾，更是要面对酷刑折磨、身首异处的悲惨结局。残余的教众尽可能地聚集在一起，准备进行最后一搏。一些教徒尽管受伤严重，血流不止，却依然愚昧地相信自己是刀枪不入的。求生的欲望驱使他们继续进行着垂死反抗。

最后，他们冲回了午时曾经攻破的城门前。而此时的官兵已经在城墙上架好火枪，一看到他们便毫不犹豫地向他们开火。许多教徒掉入了金水河，金水河在太和殿门前

流过，河岸两侧是垂直的石栏，根本不可能爬上岸。落水的教徒在河里不断地挣扎叫喊，最后还是沉入了河底，不过所幸他们没有受到更多痛苦和恐惧的折磨。有几个教徒设法爬上了五凤楼，他们拿出火石和火绳，准备纵一把火，以便乘乱突围。但是火还没有引着，就听天空一声惊雷，大雨瓢泼而至。一个教徒手中挥舞的白旗也被闪电击中，燃烧了数秒之后，只剩下一堆黑色的灰烬。对于目睹了这一幕的教众来说，这意味着上天已经抛弃了它所预示的一切。

在那个寒冷的黎明，饥寒交迫的残余教众蜷缩在一个昏暗的角落里瑟瑟发抖。其中一个太监像蛇一样悄悄爬过湿漉漉的草地，企图潜回平日的住所，制造不在场的假象。然而他如爬行动物般的动作还是引起了官兵的注意，被当场抓获。还有一些教徒企图爬到树上翻墙逃走，但是此时天色已经渐亮，雨势也在逐渐减弱，他们就像落入蜘蛛网中的苍蝇一样，被全部拿下。最终，这些闯宫的疯狂教众没有一人能够成功逃脱，除了被打死的以外，其余悉数被俘。在被捕的人当中，一定会有人为了保住性命而愿意供出天理教首领林清的藏身之处。

整个晚上，林清都在焦急地等待突袭皇宫的胜利消

第三章　平定叛乱

息。他辗转反侧，无法入眠：为何在太阳落山之前仍然没有收到预期的胜利消息？南方天理教的增援部队为何迟迟未至？黎明时分，终于有人敲响了他的房门。一个天理教徒前来报告胜利的喜讯，并且已经在门外准备好了马车，请林清马上乘车进宫，并宣称此时的皇宫已经属于他们了。听到这一消息，林清喜出望外，立即换上了他最好的衣服，登上了马车。但是林清的姐姐凭借敏锐的直觉，似乎察觉出前来送信之人已经叛变，恳求林清不要进宫。但林清这个时候已经被所谓的胜利冲昏了头脑，不可能听得进任何人的劝阻。他一把将姐姐推开，坐上马车扬长而去。林清的姐姐立即找人追赶，但还没来得及追上，马车就已经消失在迅速关闭的城门里了。这样一来，她就更加肯定了自己的预感，慌忙安排能及时通知到的亲属立刻逃走，因为按照大清律法，叛乱分子必被处死，而且所有亲属都会受到株连。在那个原本和往常一样平静的早晨，震惊与恐惧笼罩在与叛乱分子有关的众多家庭中。官兵不仅搜遍了京城的大街小巷，还将范围扩大到周边的所有村镇。每一所房屋都要被搜查，每一个嫌疑人都会被逮捕。监狱里人满为患，死者堆积如山。那两天突然刮起了寒冷的北风，卷起了滚滚灰尘，遮蔽了

天空和阳光。

当林清被俘之时,他没有想到远在河南和山东的天理教已经发生了重大变故。就在林清和李文成商定的起义时间日益临近时,有人走漏了风声。八月十三日,在距离发动起义还有一个月时,李文成突然遭到逮捕,被关押在河南滑县的监狱里。他在狱中受尽了酷刑,足胫被夹断,但他仍然咬紧牙关,没有供出天理教的起事计划。审讯李文成的滑县知县看到罪犯的双腿已废,已无法逃逸,便将其暂时收狱拘押,再作审理。惊闻首领被捕,滑县的天理教徒不得不改变计划。九月初七,他们聚众三千人,围攻滑县,很快就将县城攻下,从大牢里救出了李文成。他们杀死了两名官员,一名是抓捕李文成的,另一名是试图阻止他们攻城的。这两名官员的家人也无一幸免,全部被杀害。监狱里关押的所有囚犯都被他们放了出来,很多囚犯直接加入了起义队伍。就这样,河南的天理教因李文成的意外被捕而提前起事,在攻占滑县之后,又一鼓作气占领了两个县城。

这些天理教徒烧毁官府,杀死所有抵抗的官兵,打开监狱,洗劫店铺。他们参加起义原本是为了改变现状,追求更好的生活,然而最终做出的却是这些更加令人深恶痛

第三章 平定叛乱

绝的行为，可能连他们自己也无法解释。李文成被教徒用手推车推着，坐在车上进行指挥。然而，在李文成的领导下，河南天理教取得的胜利并没有持续太久。他所做的一切，仅仅是出于对权力的占有欲，并没有把全部的农民动员起来，而且大多数普通百姓在清朝的统治下已经习惯了平静安稳的生活。在很短的时间内，清政府就调集了大批八旗军队，不仅阻止了起义军的进一步进攻，还将他们击退、分解、围困在滑县等地。

天理教袭击紫禁城的消息很快就传到了嘉庆的耳朵里，此时他刚刚结束木兰秋狝，正在从热河去往东陵的途中。他听到消息后的第一反应是为皇次子绵宁在关键时刻表现出的沉着冷静而感到自豪，立即对他进行了封赏。皇次子绵宁被封为和硕智亲王，年俸提至12000两。嘉庆也没有忘记表现同样优秀的侄子。贝勒绵志被封郡王衔，从三品亲王升为二品，年俸由2500两提至3500两。嘉庆的哥哥——仪亲王永璇，曾因刊刻乾隆圣训误书庙号，被罚王俸三年。在此次危急时刻，他仍然毫无芥蒂之念奋身捕敌。嘉庆奖其忠诚，撤销了之前的一切处罚。对于在围剿闯宫者行动中表现出色的军官，嘉庆也都一一论功行赏。嘉庆一直很注重让士兵们保持愉快的心情，还特别为赶去

皇宫营救的健锐营的步兵额外发放半个月的饷银，为打击了大量闯宫者的火器营的炮兵额外发放一整月的饷银和饷米。事实上，火器营的炮兵并不能配得上这份特别的奖赏，他们当时抱怨雨太大，在参领答应给每人发一块丝绸之后，他们才肯继续作战。但是关于这些，嘉庆可能从来都没有听说过。

然而，关于此次袭击皇宫事件更为详细的调查报告出来之后，嘉庆已经没有了最初的愉快心情。在仔细了解事件的经过之后，他开始变得伤心、愤怒、心绪不宁。于是嘉庆写了一篇很长的罪己诏，"他的毛笔被泪水浸湿"，几个月都无法从这件事中解脱出来。天理教徒和大内太监里应外合，轻而易举地攻入了神圣的皇宫，这样的"非常之事"的确让他感到窘迫和烦恼，满心是"无法解释的痛苦"。此事的责任必须要追究。当日守卫宫门的侍卫自然是第一批被问罪的，但是由于他们当中有很多人已经为自己严重的失职付出了重伤乃至生命的代价，因此就没有再受到重罚。最终，两名相关官员被革职，另一名被流放伊犁。大臣们尽管很不情愿，但还是要毕恭毕敬地听着皇帝一大堆比平时更加尖锐的讽刺和指责。他们未能在阴谋发展到如此严重的地步之前有所察觉，就是因为他们那无可

第三章　平定叛乱

救药的懈怠和责任感的极度缺乏。嘉庆不停地训诫和警告他们，直到自己也口干舌燥了。这桩空前的丑闻，在以往的任何朝代都不曾发生过，如果还不能唤醒他们的警惕性和责任心，那他们最好不要再尸禄保位，还是早点挂冠致仕，回家养老算了！

还有那些叛变的太监，就是每天在皇帝附近沐浴阳光的宫中仆人，居然会禁不住林清的花言巧语，不仅加入了天理教，甚至还为他们攻打皇宫担任向导。这在嘉庆看来不仅无法理解，而且无疑是一种莫大的羞辱。他急于解释自己根本不认识这些叛变的奴才。他们只是被安排在宫门口干些粗活，从来没有机会进入他的视野，未曾见过他的圣颜。而他的贴身太监则受他影响，个个都养成了良好的品性：听话、谨慎、忠诚、老实。嘉庆表示，待他回宫之后，要亲自审问这些叛变的太监和主犯林清，至于其余的人，在大刑伺候也不能令他们招出更多供词之时，就立即全部处死。

嘉庆取消了原定去父亲的陵寝祭拜的计划，下旨立即启程返回紫禁城。但首先要确保京城的所有反叛分子和可疑分子都被彻底肃清。被那个精神错乱的厨子行刺的画面仍然在嘉庆的脑海中萦绕，他不想重蹈覆辙。京城的每

一所房屋，不论居住的是三品以下的文官、武官，还是商人、工匠，全部都要进行彻底搜查。一旦发现任何可疑的陌生人，必须立即逮捕，连房屋的主人也会受到牵连和惩罚。除了女人居住的房间可以免查之外，王公贵族和三品以上官员的府邸也全部都要进行搜查。不过他们得到特许可以自行搜查，但是必须要签署一份保证书，保证自己家中没有窝藏任何可疑之人。

当警报解除，确定京城恢复安全之后，在值得纪念的十月十八日，嘉庆从朝阳门重新回到了他的都城。一排排官员整齐地跪在道路两旁迎接圣驾，他们佩戴着多彩的朝珠，材质珍稀高贵，从脖子上悬挂垂吊于胸前，在深色朝服的映衬下显得格外耀眼。他们顶戴上的孔雀花翎有单眼、双眼、三眼之分，其中三眼花翎最为难得，象征着最高等级和荣誉。此时此刻，嘉庆感觉眼前的一切都和往日一样平静有序。皇次子绵宁，即现在的和硕智亲王，在宫门口迎接父亲，他不仅礼数尽到，而且是真心出于孝道。他们父子之间的关系似乎自始至终都是这么和谐融洽，这可能得益于绵宁那种沉稳内敛的性格。

次日清晨，嘉庆在乾清宫举行了皇宫遇袭之后的第一次早朝。这次早朝进行得相当艰难，气氛十分紧张。坐在

第三章 平定叛乱

龙椅之上的天子像凡夫俗子一样大发雷霆,满朝文武面对皇帝的训斥,既感到恼火,又提心吊胆,担心被摘去顶戴花翎,脸上的表情复杂得无法形容。坐在九龙御椅上的嘉庆首先将矛头指向了皇子。作为至亲兄弟,他们在危急时刻怎么能把保护皇宫的责任全部丢到绵宁一个人的肩上?皇宫不仅是皇帝和皇后居住的地方,也是存放祖先牌位的地方。当皇子们还跪在地上磕头,请求父皇的宽恕之时,嘉庆又将矛头转向了那群不称职的大臣。难道他们没有意识到让国家陷入了怎样的危险境地吗?如果他们能够提出任何有建树并切实可行的提议,他都会愿意倾听并欣然采纳,可是他们平日里满口尽是取悦之词,毫无用处。早朝终于结束了。嘉庆的下一个任务是亲自审问那些有罪的太监。

这几个可怜的太监早已吓得魂不附体,跪地求饶,已经彻底从对林清的超自然力量的狂热崇拜中清醒过来。此时他们的脑中一片混乱,那个曾经让他们痴迷的幻想世界已经支离破碎。他们背叛过的皇帝又重新成了他们眼中至高无上的神。嘉庆质问这些太监,他是否曾经苛待过他们?他最近是不是还给他们增加了月例?这些太监跪在地上连连磕头,承认嘉庆的恩泽无穷,与他们也不曾有过任

何衔怨之处。经过审问之后，嘉庆发现这些太监不过是被邪教组织的惑众谣言引入歧途的愚蠢之辈。但是他们犯下的罪行是十恶不赦的，必须让其他太监知道通敌的后果，知道什么是畏惧。最终，这些太监以及他们的家人全部都被凌迟处死。

自此，太监们的行动自由受到了最大程度的限制。他们不可以再独自外出，只能三两做伴，而且要在限定的时间内回宫。没有太监总管的特别批准，他们绝不可以擅自离开皇宫半步。至于为林清与太监会面密谋提供场所和饮食的饭店老板，他们每人被杖责100大板，并且被永久流放到了3000里之外的地方。只要他们遵纪守法，还可以重操旧业，继续为那里的百姓提供价廉味美的食物。朝廷还专门颁布了一道法令：一旦发现有可疑之人在茶馆、客栈、寺庙等公共场所三五成群，聚集在一起，必须立即展开调查。与此同时，朝廷停止了挨家挨户的搜查。一方面，担心引起更大的民怨；另一方面，京城及周边的所有叛乱分子都已被抓获、处决，京城已经恢复往日的安全了。

经过天理教袭击皇宫这一恶性事件，朝廷减免了百姓一整年的赋税作为抚慰和补偿。为了表示对百姓的信任，嘉庆下旨重新打开皇宫的大门，并大幅减少驻守在皇宫周

第三章　平定叛乱

围的士兵数量。嘉庆亲自审讯了被俘的天理教首领林清。此时跪在嘉庆面前的早已不再是原来那个吹嘘自己拥有神秘力量、秉承天意要开辟一个美好新朝代的雄辩的狂热分子。嘉庆看到的只是一个无精打采、痛苦不堪的可怜虫。他愿意招出朝廷想知道的任何秘密，这样的顺从也许能让他免受更多酷刑的折磨，但却不能挽救他的性命，也不能换来他的祖先在九泉之下的安宁。嘉庆宣布将林清凌迟处死，枭首示众，家属连坐。为了让每个人都亲眼看到叛乱分子的彻底失败和悲惨下场，他们的祖坟都被掘开并摧毁，里面的遗骨都被烧成灰烬，抛于路上，让过往的马车任意碾压，以彻底粉碎里面邪恶的灵魂。另一个叛贼头目的祖坟也遭到了同样的命运。这些叛乱分子都有祖坟，说明这场叛乱绝不是穷人和被压迫者的起义，而是少数生活富足之人的异常行为，他们滥用闲暇时间，用带有宗教色彩的错误思想来迷惑自己和他人的心智。

当京畿的天理教徒及其全家上下被尽数消灭之时，南方的天理教徒虽然还在坚持战斗，但是很快也以惨败收场。李文成据守滑县三个月后，留下少数教众在滑县继续抵抗，他带领其余教众转移至最后一个据点——辉县司寨。同年十一月二十日，司寨也遭到了毁灭性打击。李文

成的残余力量被逼得走投无路，拼命抵抗。他们用长矛进行突围，向爬上城墙的清军投掷巨石。清军向他们喊话：如果交出李文成，其余教众可免一死。但李文成的追随者们不肯出卖首领，继续与政府军队血战。最后，当他们无力再继续战斗时，仅剩的四五十个天理教徒将他们自己反锁在木屋里，集体自焚身亡，其中也包括李文成。在被烧焦的尸体当中，清军很快辨认出了李文成，因为他的双腿曾经受过酷刑已经残废。事实证明，想成为皇帝是要付出高昂的代价的，李文成和所有信任他的追随者，最后都付出了生命的代价。李文成的女儿也被杀死，他的妻子在后来滑县被攻破时，在进行了一番激烈的抵抗之后，因不愿被活捉，最终也选择了自缢身亡。

三个星期之后的十二月初十，即1814年1月1日，清军开始攻打天理教的最后一个阵地——滑县。在震耳欲聋的火药爆炸声中，滑县厚重的城墙顿时被轰塌。清军总指挥大将军那彦成下令对所有负隅顽抗的教众格杀勿论。为永绝后患，被俘的教众也无一幸免，全部被处决。那彦成还下令，根据身份的高低，砍下所有死者的头颅或者耳朵。最终，241对耳朵被串起来送往京城。这种丰硕的战果虽然令人无法直视，但却为那彦成带来了梦想之中的所

第三章 平定叛乱

有赏赐和殊荣：御赐黄马褂，双眼花翎，被加封为太子少保，拥有骑马进入紫禁城的特权。当然，这些都是他应得的。在短短两个月的时间内，他就率领军队肃清了天理教的全部叛匪。

滑县被清军攻陷之后，有2000余名教众在黑夜的掩护之下，从城墙被炮火轰开的豁口处逃了出去，但是很快就被清军发现，悉数被歼灭。关于清军是如何发现这些试图逃走的教众的，还流传着一个关帝显灵的传说：在城墙的豁口附近有一个关帝庙，也许是关公在冥冥之中护佑着大清王朝和它的子民，所以关公神像在那一晚突然显灵，帮助清军阻止了叛匪的逃脱，帮助朝廷永除后患。在那个伸手不见五指的漆黑夜晚，守城的官兵很难发现有人逃走，除非及时出现巨大的光亮并且恰好照到城墙的豁口处。然而，奇迹真的发生了。关帝庙里突然燃起熊熊大火，而且火势越来越大。借着巨大的火光，守城的清军马上发现了企图逃跑的天理教残余。当关帝庙几乎被烧成一片废墟之时，人们却惊奇地发现，庙里的关帝圣像依然完好无损地矗立在被烧焦了的祭坛之上。

这是受到上天眷顾的第二次证明了，嘉庆自然欣喜不已。第一次是在天理教攻入皇宫的过程中，紫禁城里也出

现了关帝光芒四射的幻影，飘浮在惊愕不已的闯宫者眼前，顿时吓得他们魂飞魄散，关帝帮助朝廷抓住了所有袭击皇宫的天理教徒，庇佑皇宫转危为安。嘉庆对这两次关帝显灵的传说深信不疑，认为关帝显灵是上天对大清的恩赐。在镇压了天理教叛乱之后，嘉庆追封武圣人关羽为"忠义神武灵佑仁勇关圣大帝"。河南滑县的关帝庙也被重新修建，门楣匾额上的"佑民助顺"四个大字是嘉庆御笔亲书。

嘉庆曾经感觉自己不够受臣民爱戴，而这两次关帝显灵则让臣民们更加坚信天佑大清，同时也让他们进一步认识到天理教散布的是迷信邪说。随着天理教两个头领的首级被送到他们生前为祸过的所有地区悬挂示众，这一事件终于画上了句号。

另外需要一提的是，豫亲王裕丰因玩忽职守，对天理教闯宫事件负有重大责任，也受到了严厉的惩罚。最初只是因为他的下属参与了此次事件，而他却毫无察觉，就"像块木头一样坐在那里"，所以嘉庆以失察的罪名罚了他十年的亲王俸禄。然而，经过进一步的调查发现，有人提前将天理教徒要攻打紫禁城的消息密报给了豫亲王，而他竟然对这么重要的消息隐匿不报，也没有及时采取行动，

第三章　平定叛乱

否则这场悲剧就完全可以避免了。这样一来，他就罪不可恕了。除了两年之内必须要上缴的巨额罚金之外，豫亲王裕丰被革去了王爵，王府也被朝廷收回。按照嘉庆的意思，他不如在城门外租个小房子，将自己关在里面好好反省。倒霉的裕丰这次完全栽在了自己的手里。至于他是否听从了嘉庆的建议，是否诅咒过皇帝的无情，我们就永远不得而知了。但我们可以猜到的是，此时此刻，嘉庆的心情应该是非常愉快的，因为他又没花一两银子就得到了一座府邸。在巨大的满足感中，嘉庆想起了皇次子绵宁开枪击毙两名叛乱分子的英勇行为，遂下旨将其使用过的那把枪赐封号为"威烈"，而"威烈"的主人此时可能已经预感到自己将来注定能成大事了。

清朝中期宫廷、社会图景

圆明园正大光明殿 一个雄伟气派的公园,坐落于北京城西北方向。这里有不下于 30 幢皇帝的住所,每一幢都环绕着一群必不可少的附属建筑,用来安顿数不清的政府官员、仆役和工匠。这里的每个建筑群都包括大量彼此分离的建筑物,以至于放眼望去,它就像一个惬意自在的村庄。

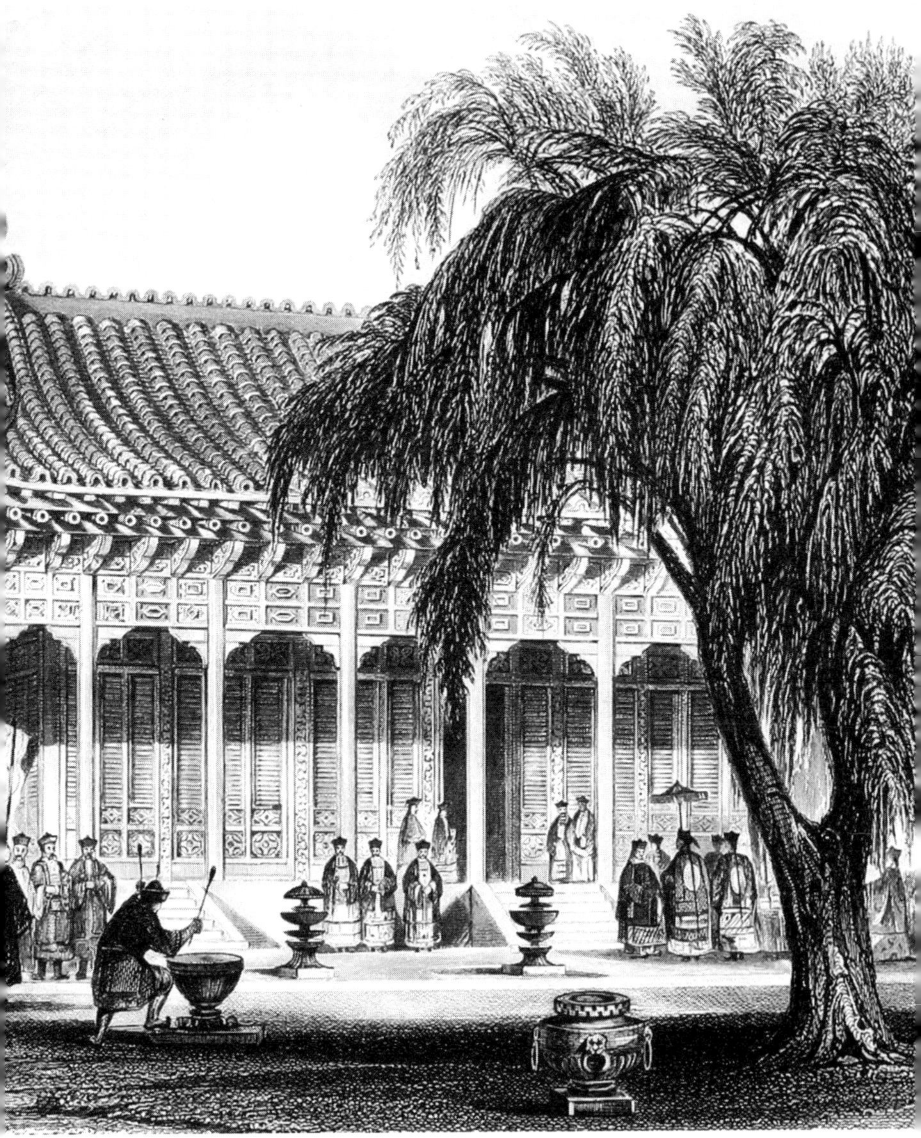

皇帝检阅 在北京皇宫的三大殿里,每年都要在新年开始的时候举行一次旗兵卫队的检阅,皇帝亲自到场。沿着柱廊前面被围起来的台阶,军官们排列成行。皇帝端坐在御座上,大臣们环侍左右,俯看着勇猛的黄旗卫士。

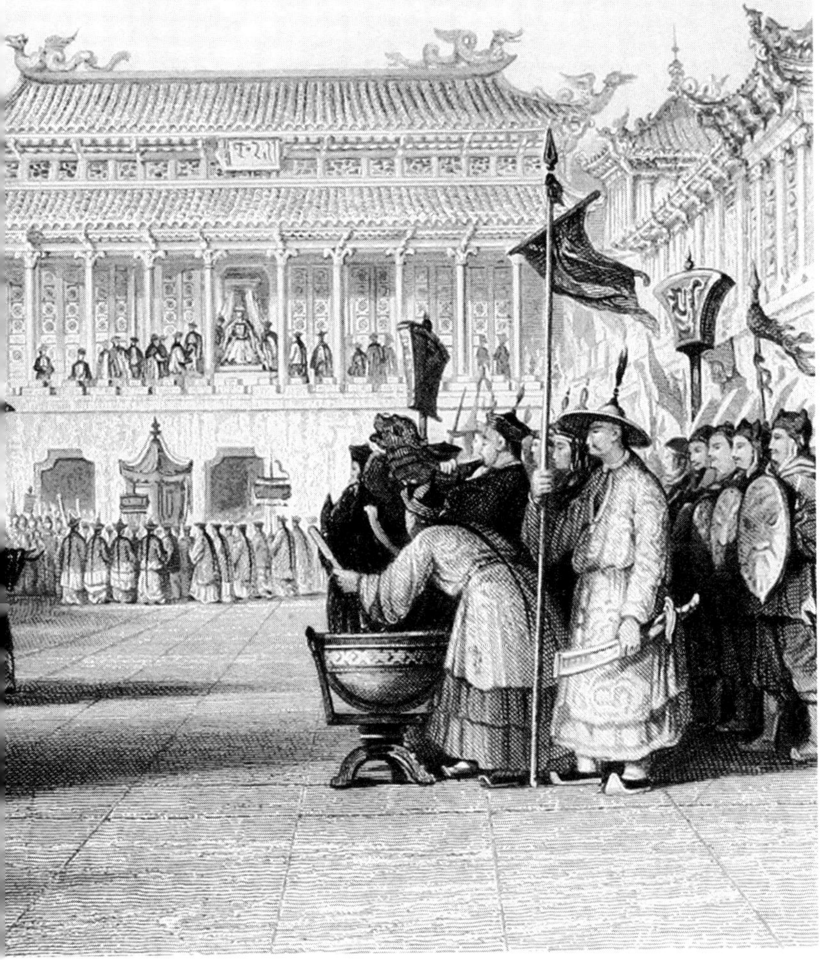

北海公园　清朝宫殿的围墙由鲜亮的红砖修筑而成,覆盖着明黄色的琉璃瓦,因此也被称作"黄墙"。围墙的里面,假山和人工湖参差错落,一些小岛安静地漂浮在湖面上。凉亭和楼阁在水边星罗棋布,让数不清的小岛趣味盎然。设计奇特的建筑三五成群,假山怪石点缀其间。一个大水库(或称湖)给花园内的小水潭供水,湖面经常因为宫廷随从的游船和驳船的往来穿梭而变得生机盎然。

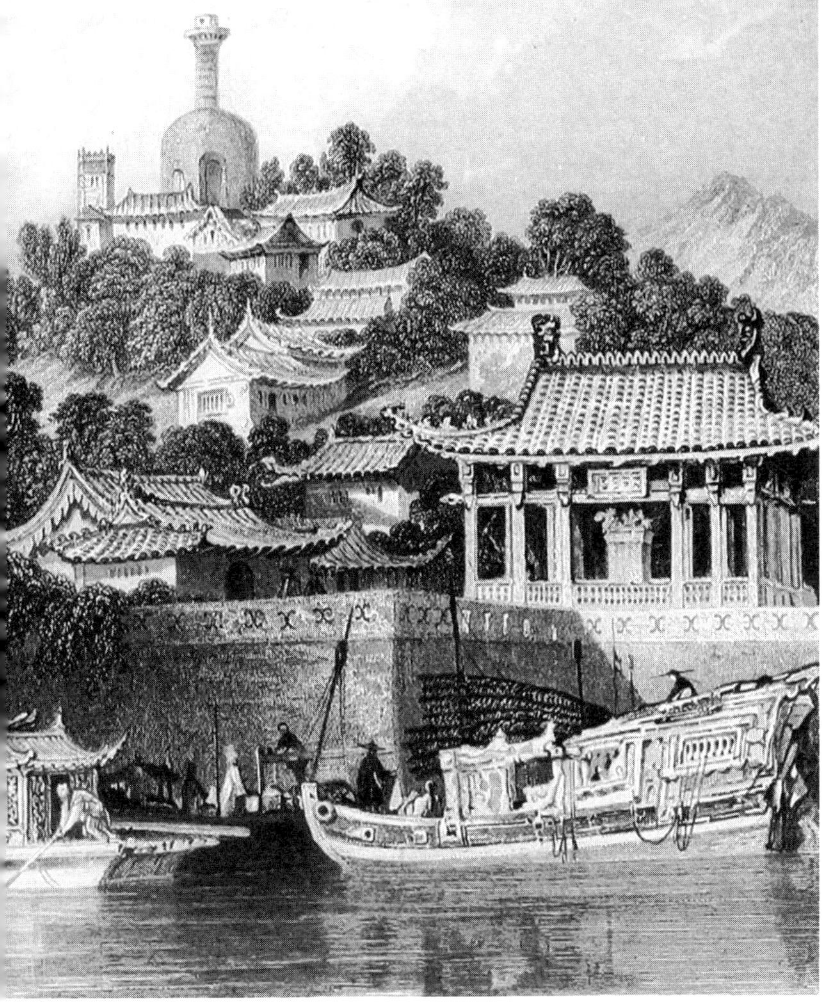

西直门 中国的首都北京坐落于一片丰饶肥沃的平原上，距长城（北直隶省境内）约 70 公里。西直门是北京城的九大古城门之一，自元朝开始就是京城的重要通行关口。

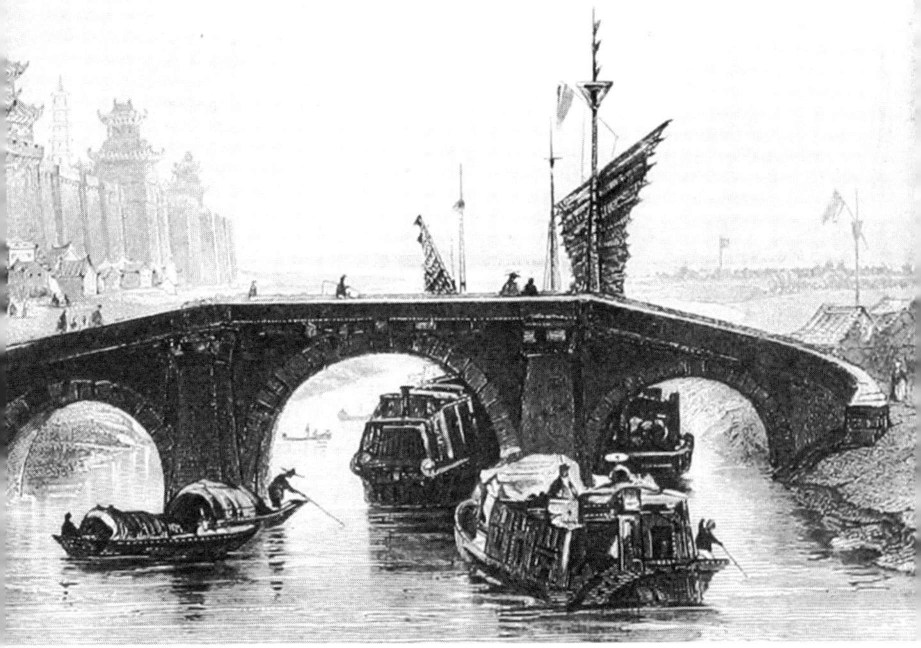

长　城　一直是中国北部重要的防御工事，它的东端伸入辽东湾，在纬度上几乎与北京札据说，秦始皇让人把装满铁块的船沉入海底，充当牢固的基础，长城便在这个底座上用的花岗岩石块修筑而成。长城建筑风格与北京的城墙类似，只不过尺寸要大得多。

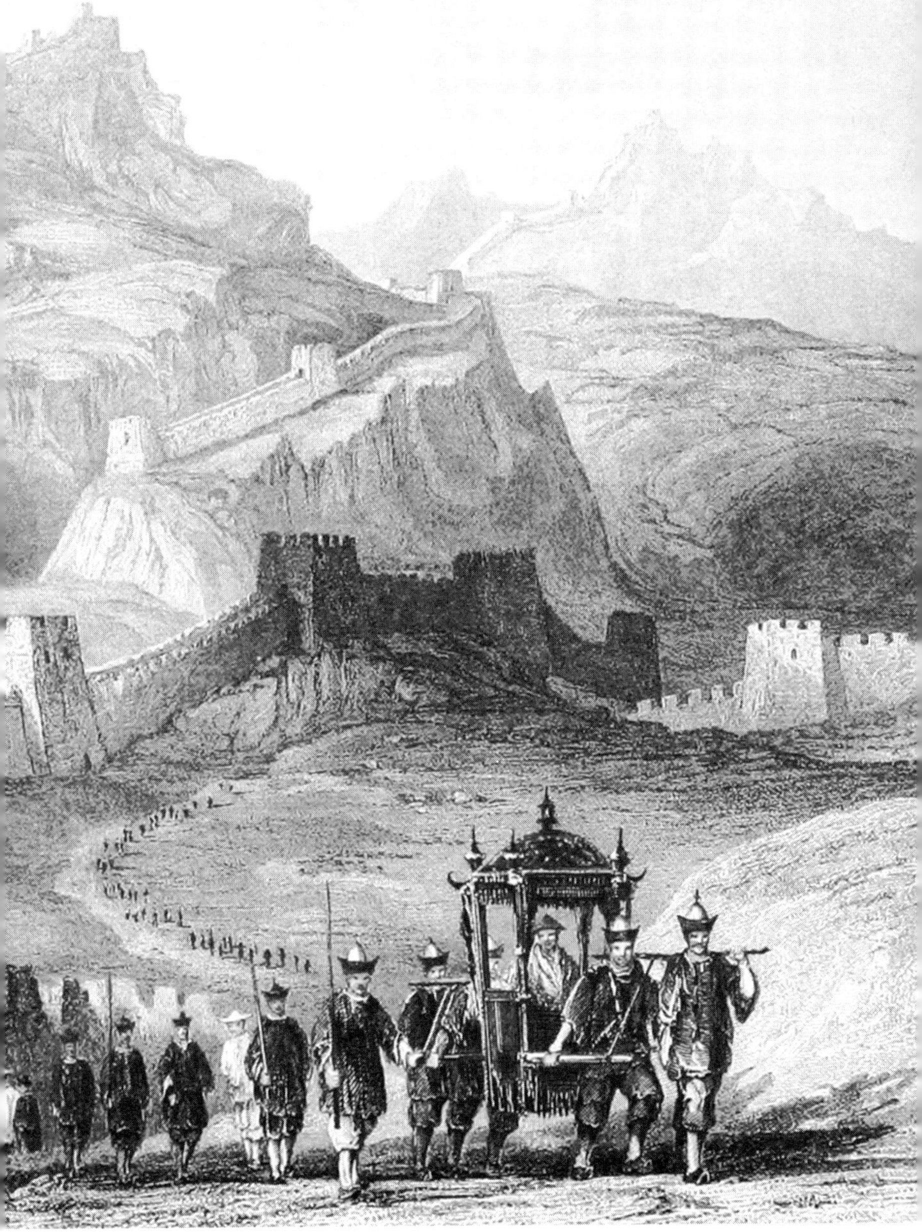

通州奎星楼 这幢建筑在设计上显示出了数不清的变化，然而却是严格遵照民用建筑的法律而修建。奎星楼被认为是北京通州建筑中的佼佼者。

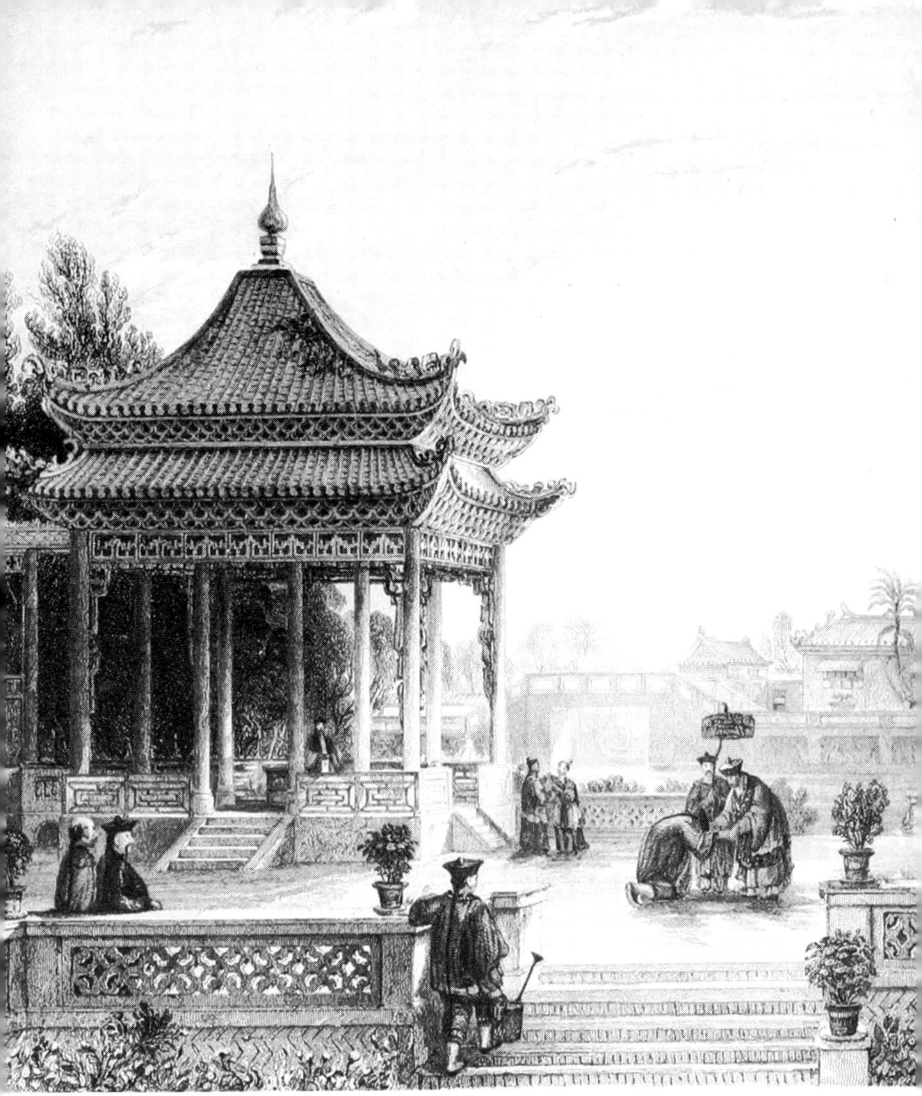

京郊官员宅院 这幢民用建筑是优雅别致的典范之作,最初是宗室伊里布的宅邸。它是中国艺术家全部想象力的集中体现。画面描绘了一个宽敞的阳台,放眼望去,远山近水,尽收眼底。周围是平坦的空地,被木柱支撑的建筑所环绕,镶有花格细木工构件。右边是招待宾客的楼阁,双层屋顶把它装饰得格外欢快;中间有一座漂亮、宽敞然而结构粗陋的拱桥,它的上方可以看到一座高高的宝塔。

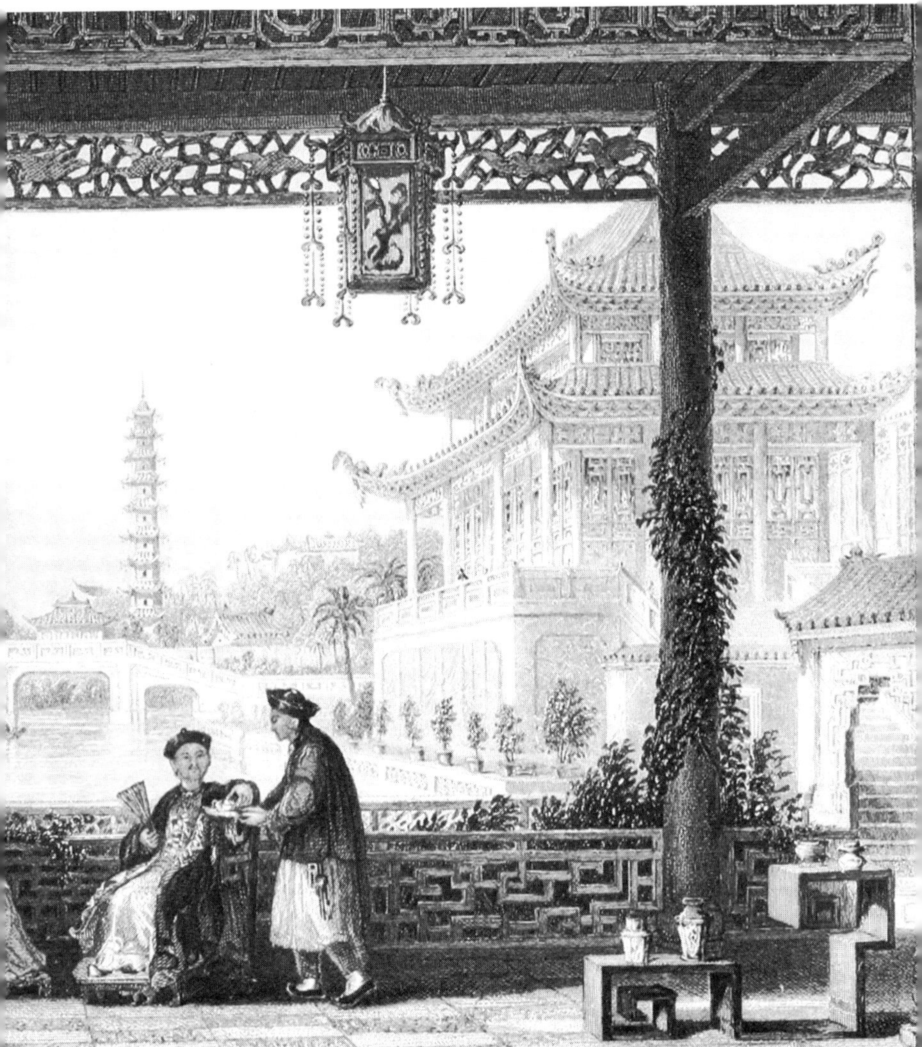

灯笼铺　中国人打灯笼的习惯属于独特的民族习惯。夜幕降临之后,街头巷尾,大路通衢,每个行人都打着一盏灯笼,上面写着他的姓名和住处。灯笼的形状和材料都大不相同。他们有各种几何形状:球形、正方形、五边形、六角形等;骨架可能是木质、铁或其他金属材料。

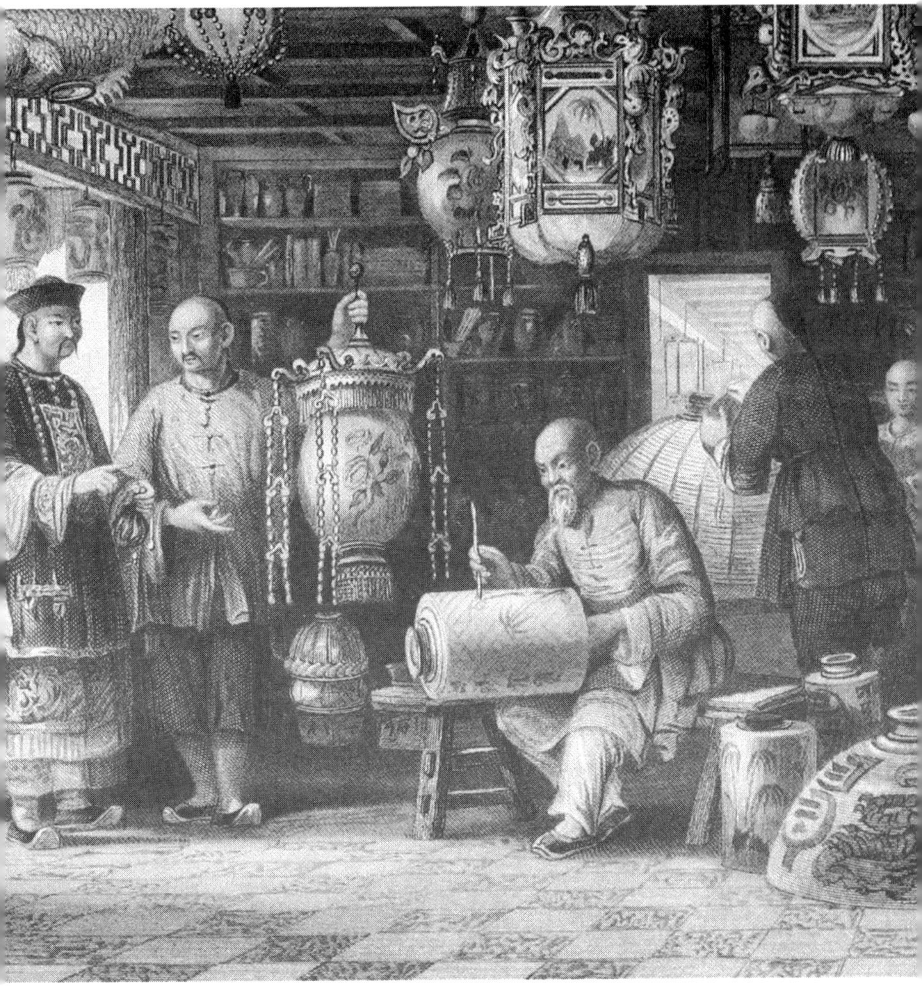

官老爷出行　在大多数东方国家，无论是私事，还是公差，轿子是富人和显贵出行的主要交通工具。轿子通常是敞开的，但披挂着帘帷，缀着流苏；一顶丝网（常常编织着银线）覆盖着轿顶，顶部有一个圆球。两根长长的竹竿穿过轿子两侧的U形扣，其两端被绳索连在一起，一根短竹杠从绳索下面穿过，短竹杠的两端搁在轿夫的肩膀上。

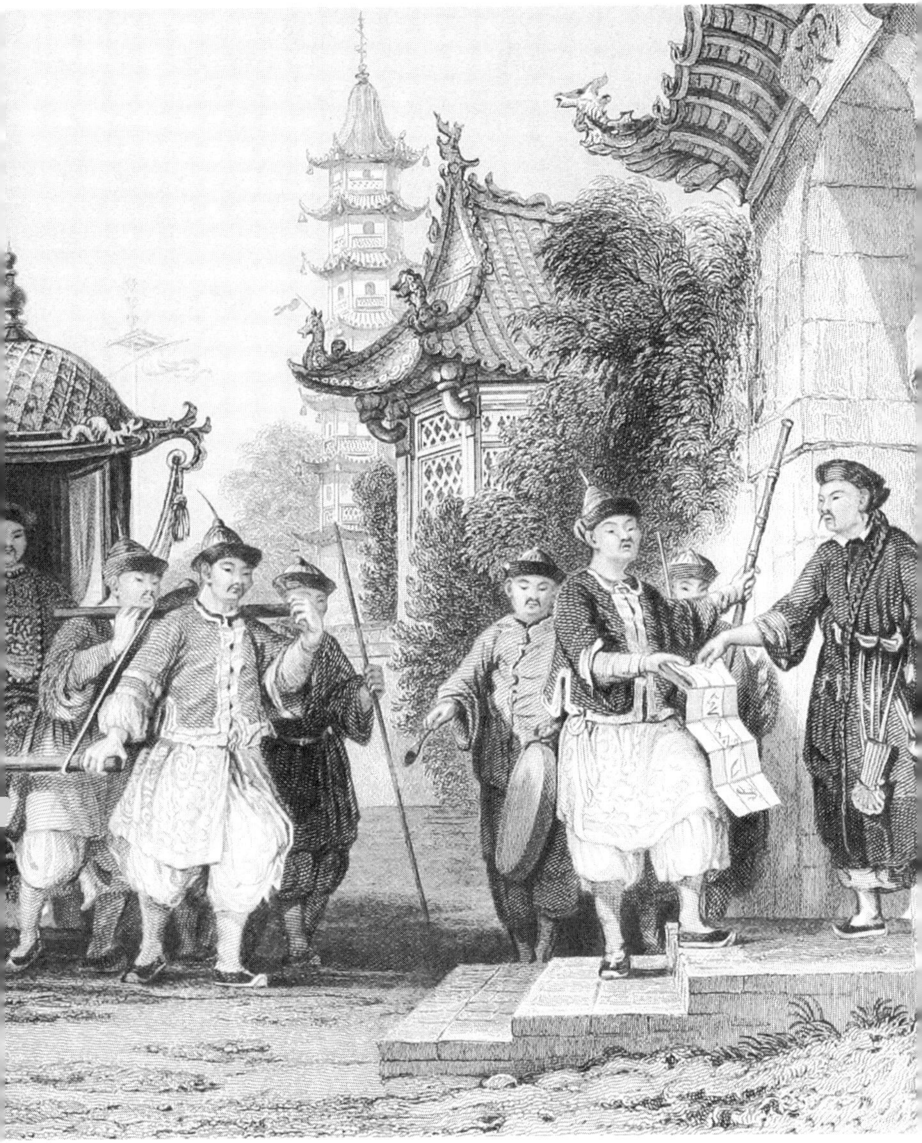

迎亲的队伍 在中国，当男女分别达到十七岁和十四岁的时候，男方的父亲就开始给儿子张罗婚姻大事，提亲的依据通常跟金钱有关。这一不幸的习俗源于一个更加狭隘的行为：禁止情侣婚前接触。媒婆对于每一桩婚事来说都是必不可少的。签署婚书之后，男方会送上聘礼、金银绸缎、酒肉水果等，不一而足，厚薄则依据男方家的财力而定。从这一刻起，这对年轻男女可以算是喜结连理了。在算命先生选择的吉日良辰，一支迎亲的队伍来到新娘的家里，吹吹打打，好不热闹。

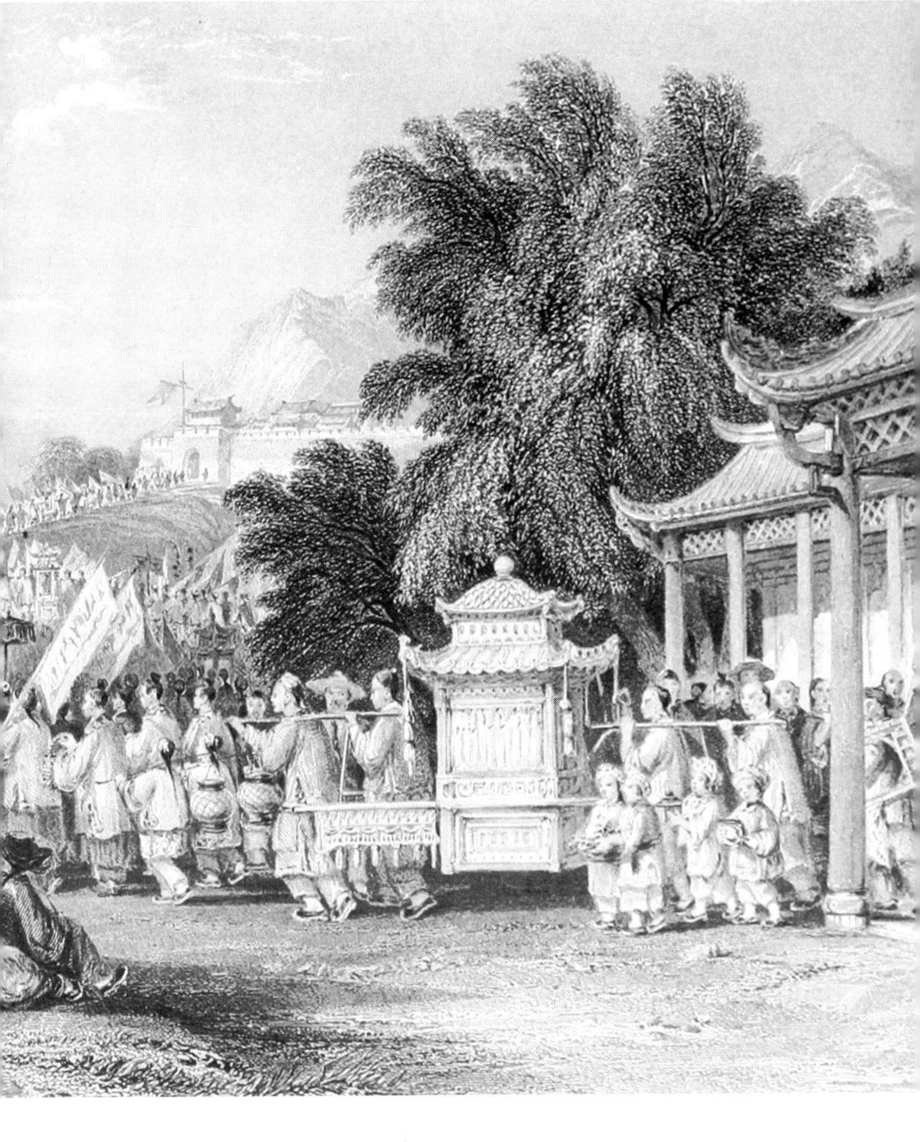

小布达拉宫 清朝皇帝拥有满族血统，依然保持着满族人的习惯，每个夏天都要举迁热河避暑。因路程遥远，旅途劳累，皇帝一行在沿途众多的行宫里找到了舒适的住处。皇帝也是在履行公共职责，每年需探访祖居地，巡视他的领土，接见受托管理满洲的王爷贝勒。在履行了这两项职责之余，他把自己的一部分闲暇时间用于打猎、念诵经文、祭神拜佛。小布达拉宫坐落于一条大河岸边的峡谷里，紧挨着小城热河，高耸而崎岖的山峦俯瞰其上，在皇帝驻跸的时节，这里呈现出最壮观、最宜人的风景。

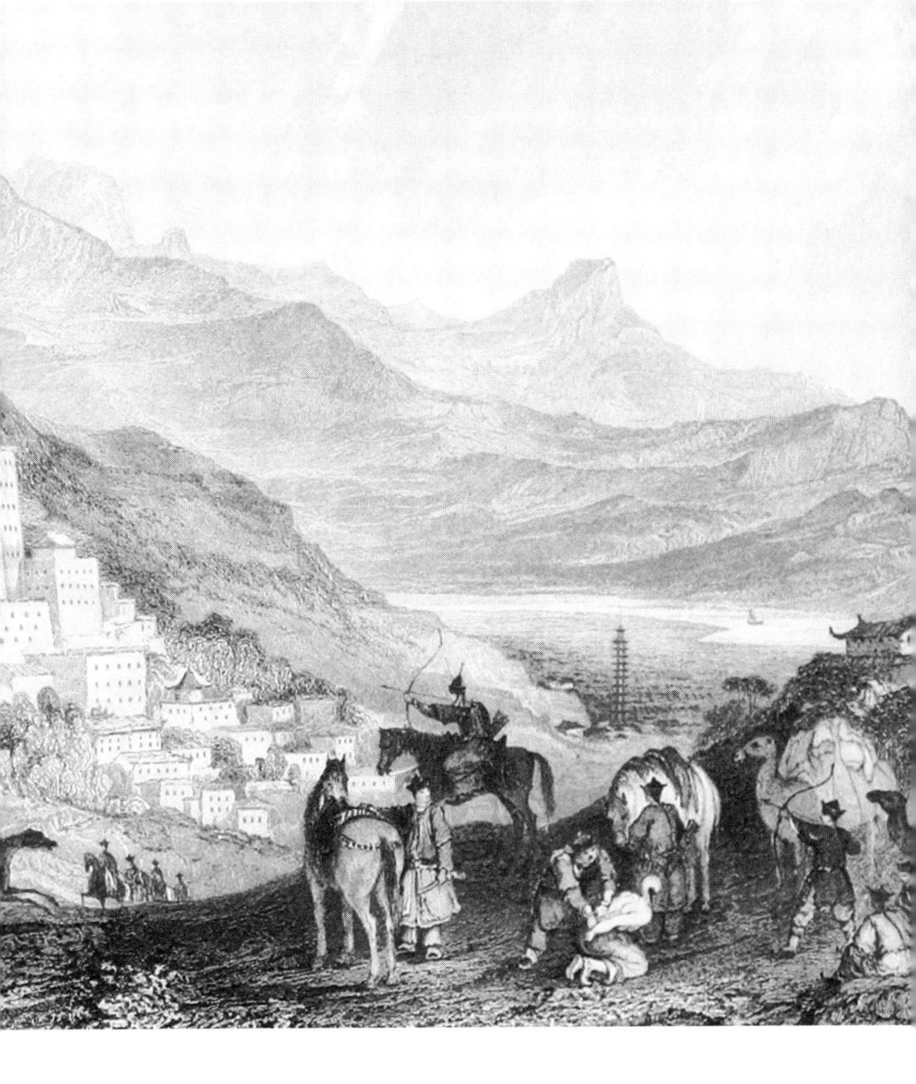

清朝中期天津社会图景

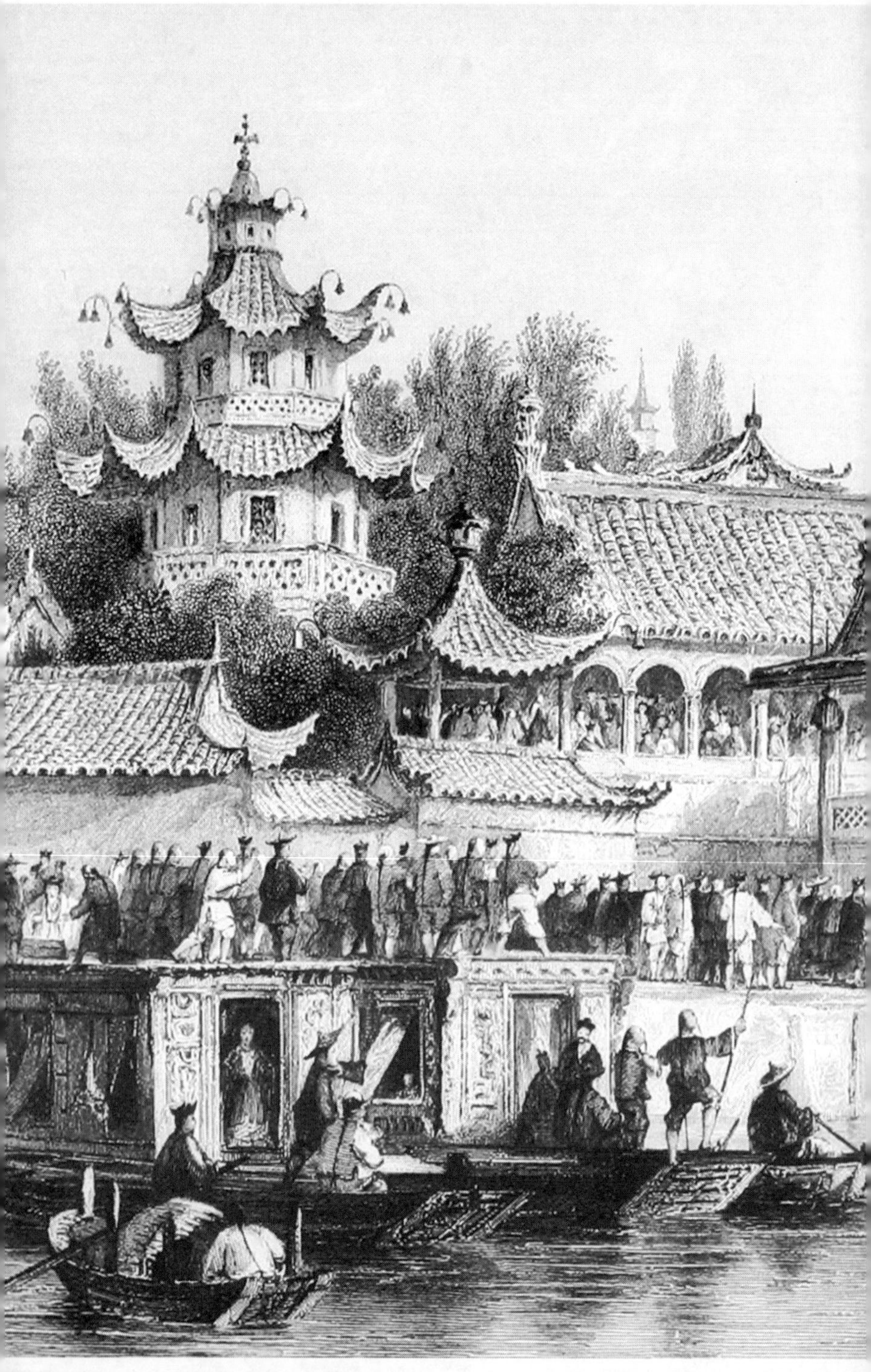

天津大戏台　在北直隶省,有一座城市尽管它不属于一流城市,也没有自己的管辖地区,但它比其他大多数城市贸易额更大,人口更稠密,经济更富裕,它就是天津卫。它坐落于来自临清州的大运河与来自北京的白河交汇的地方。所有来自东部地区的运送木材的船只,在穿过辽东湾之后,都来到这个距离北京仅80多公里的港口卸下货物。

白河兵营 在每一条通航河流上，尤其是在白河两岸，都建有兵营，每座兵营的规模或兵力与这一地区的人口密度或交通流量成正比。由于江河是中国的主要交通通道，这些兵营也就类似于英国的警察局；居住在兵营里的部队并不是正规军，而有点像地方民兵。除了维持治安、执行政府命令之外，这些江河警卫队还有比如征收通行费、保护水路畅通和维护水闸另外的职责要履行。

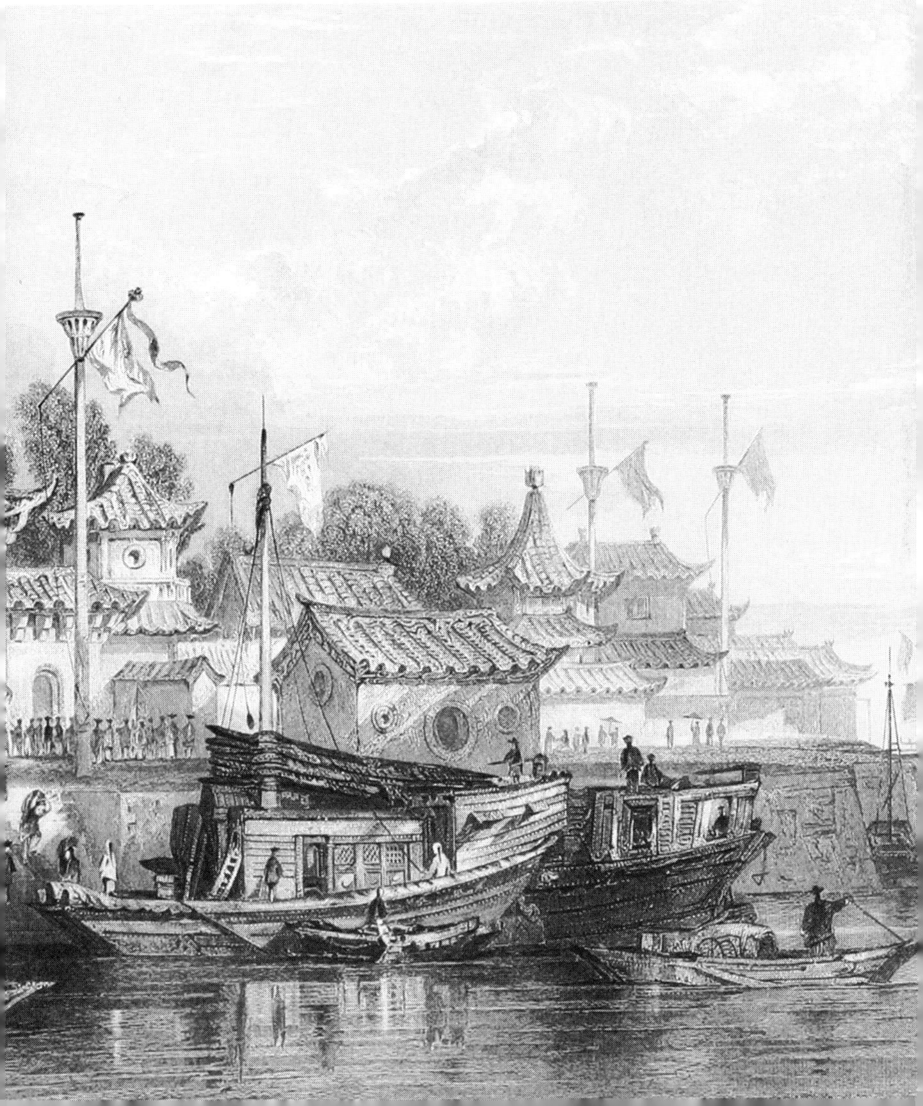

北直隶湾：长城尽头 山峦粗粝凶险，山谷山峰断裂破碎，是这片地貌严酷险峻的特征。哪怕一只装备完好的小船在这里航行，也经常有去无回。如果命运之神对它青睐有加，货主和船员的亲属就会额手称庆，皆大欢喜。有人甚至这样下结论，每年从白河港出发的商船上有1万名水手消失在这片汹涌狂暴的海湾。

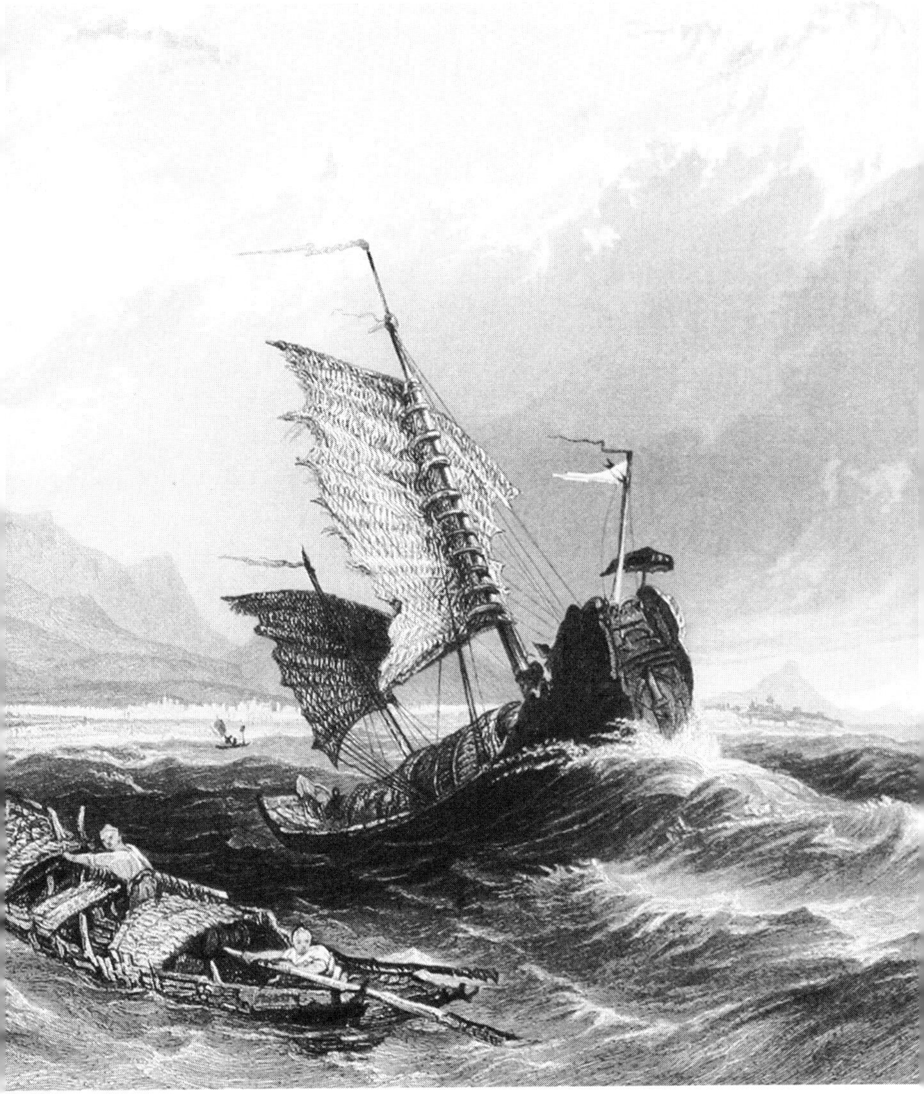

重阳节放风筝　清朝民间的运动和节庆娱乐活动有斗蟋蟀、斗鸡、踢毽子、猜单双。除了这些古老的活动之外，还有一项深受人们喜爱的娱乐活动：放风筝。喜爱戏法、心灵手巧，喜欢在各种场合展示肌肉的柔韧性的这些放风筝的人，努力把这些品质糅合进所喜爱的这项娱乐活动中。

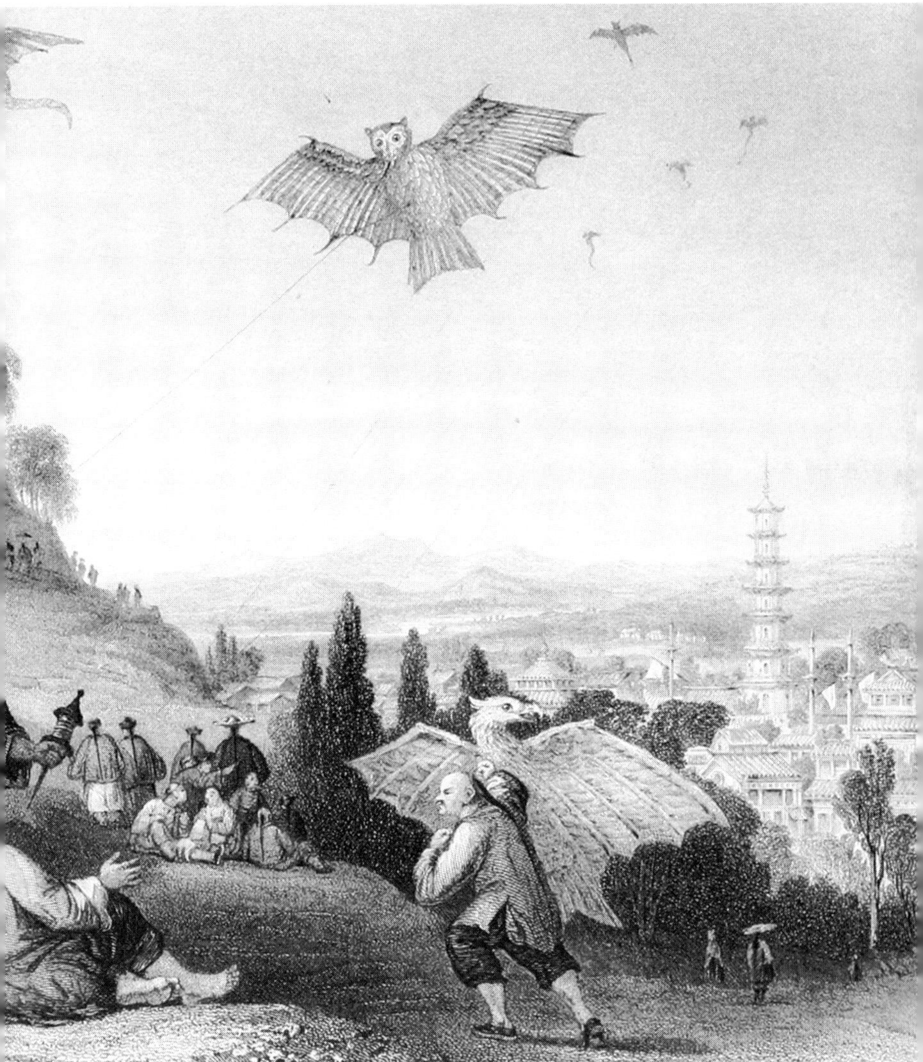

江湖郎中 中国民间一种医病之人,流行于中国大部分地区。据说这些行走江湖的人,兼通医术,有行侠义、好抱不平、深藏不露、不好与人争名夺利的品性。

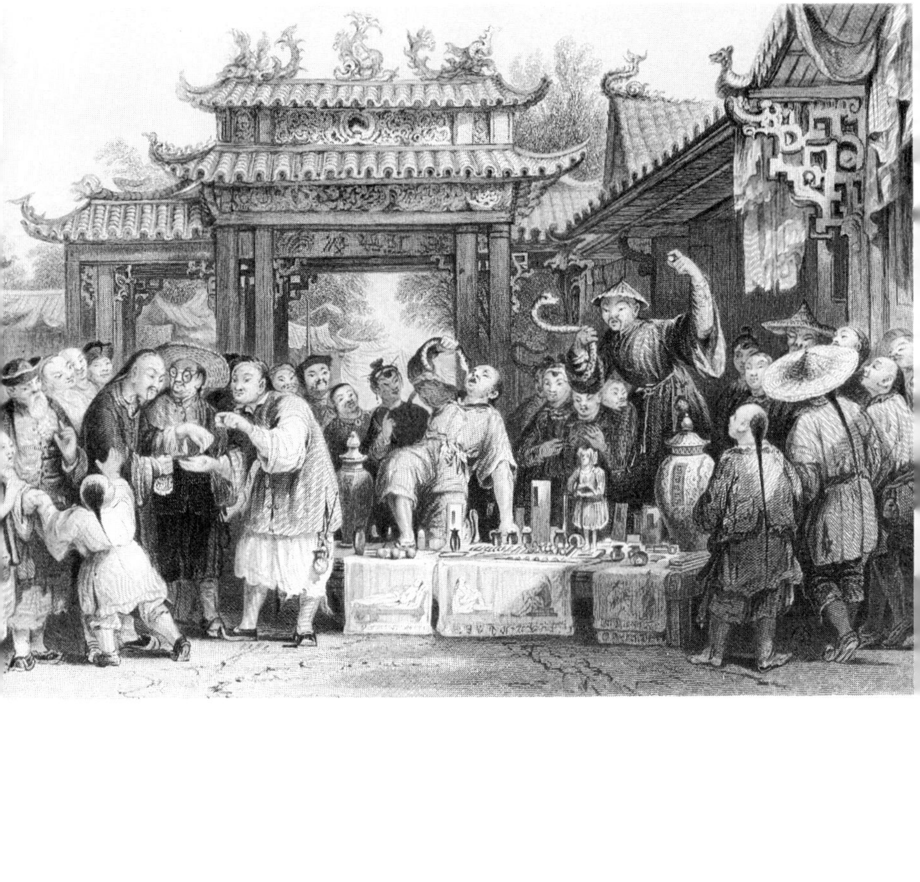

求签问卦　像希腊人和罗马人一样,中国人也用各种花招满足他们对宿命论的偏爱,尽管工具不那么花样翻新,托词不那么富有欺骗性。在各种情况下(公开的或私密的),在任何有三条路交会的城镇乡村,在最高山的顶峰,在最隐秘的深谷,在人迹罕至的偏僻之地,在森林中荒凉的隐蔽之处,都建有掌控命运之神的庙宇,其大门永远敞开,邀请信奉宿命论的人进入,来这里打探他们的命运。

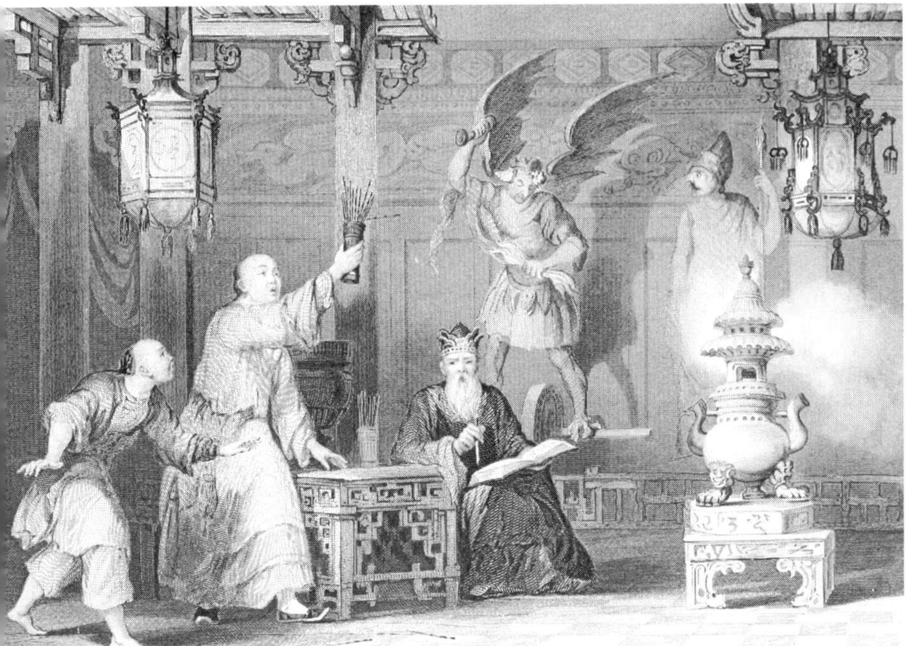

打板子 打板子是中国各地最常见的几乎可以针对每一种违规犯罪行为的惩罚形式，至于打多少下，则视罪错的轻重而定。犯错者通常被带到城外的某个公共场所，当着官员和卫兵的面，由专门的仆役施行。

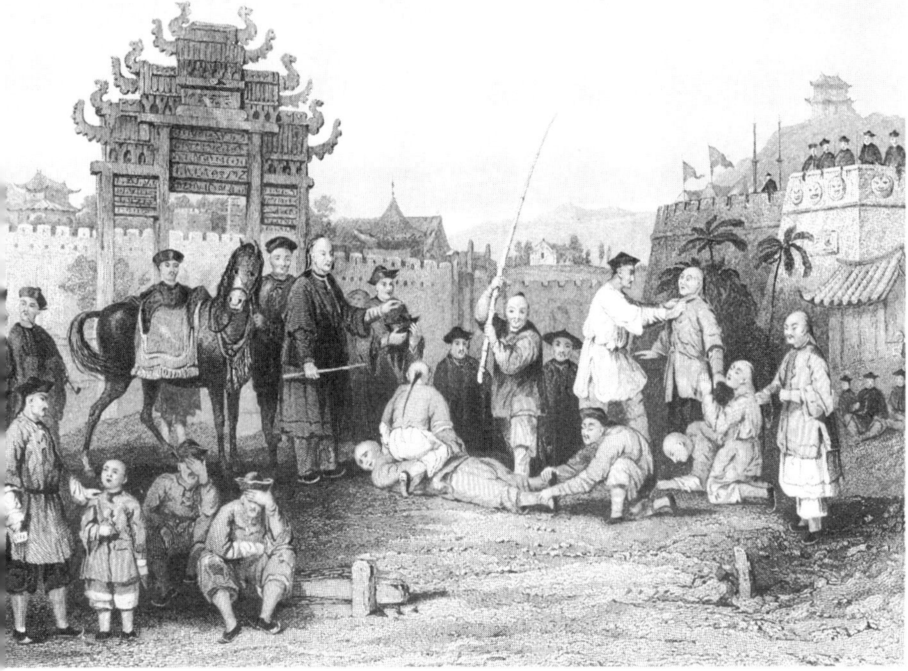

第四章
大臣与皇亲

第四章　大臣与皇亲

嘉庆为后世树立了一个十分勤勉的帝王形象。他日理万机，事必躬亲，即使出行在外，如有紧急事务，也会立即处理。曙光初至，他已梳洗完毕；早膳之后，便立即批阅奏折，开始忙碌的一天；晚膳过后，还要再看100多份奏折。而大臣们却以各种荒唐的借口逃避公事，诸如参加某个官员的离任送别活动，或者参加某些无关紧要的节日活动等。更有甚者，有的大臣为了在早朝之后可以睡个够，就在半夜跑来炫耀自己的工作热情。嘉庆好不容易睡着又被唤醒，起来处理那些所谓的加急奏折，其实这些根本就是无关痛痒的小事，完全可以在次日早朝时处理。历史上还有哪位皇帝有这么懈怠的大臣！嘉庆怎么训诫这些榆木脑袋，也不能使他们多分担一些自己肩上的重任，他们甚至连最简单的事情也能搞砸。

为编纂史书而专门挑选的史官甚至不知道如何写好一个人的传记。当然这听起来似乎是无稽之谈，然而当他们笔下的那个人恰恰是和珅的时候，这些可怜的史官就好像遭遇了一道几乎无法攻克的难题，变得战战兢兢、如履薄冰。嘉庆声明，他要看到事实，并且只要看到事实。结果他看到的内容却十分贫乏，传记中忽略了他尊

贵的父亲是如何赏识和珅,以及如此迅速提拔和珅的重要原因——充沛的精力和非凡的才学。而与此同时,他对和珅审判和定罪的过程却被史官描写得细致入微。嘉庆对此十分不满。但事实上,嘉庆真的会喜欢看他们详细描述和珅的优点吗?他们如何解决既要客观评价逝者,又要取悦在位者,同时还要记录真实历史呢?面对这样巨大的难题,他们显然无力应对,这让嘉庆十分不悦。大部分人都被立即革职,主持编纂的官员甚至被遣返南方老家闭门思过。如果他试图逃走,或者写出反对朝廷的诗文,当地总督会立即将他逮捕和监禁。毫无疑问,整个传记必须重写,这对嘉庆的耐心也是一种极大的考验。

世上再也找不出一个比嘉庆的光禄寺卿更为愚蠢的人了。有一年百姓遭遇了旱灾,为了求来一场急需的甘霖,他竟然一本正经地向嘉庆建议,关闭所有朝南的城门,并且中止一条最繁华、最主要道路的修缮工作。他甚至还从古籍中找出证据,证明这么做可以减弱"阳"而增强"阴","阳"是主宰炎热和干旱的,"阴"是主宰寒冷和潮湿的,正因为"阳"过剩而"阴"不足才导致了旱灾的发生。嘉庆讽刺地问道,如果考虑到每天必须经过这些道路

第四章　大臣与皇亲

的车马行人，这个提议还可行吗？像京师这样的大都城，如果交通突然中断，会造成怎样的后果？再者，修路和降雨之间又有什么必然的联系呢？这种建议简直就是愚昧可笑的无稽之谈，根本不可能采纳。这让嘉庆想起曾经有大臣也有过同样荒唐的做法，他们在遭遇干旱之时，就把所有房门关得严严实实，每天只能通过窗户进出房间。这显然是荒谬至极！

嘉庆十分恼火，他警告大臣们，除非上天能够及时降雨缓解旱情，否则，将取消五月初五按惯例在夏宫举行的端午节庆祝活动。那样的话，只有确有要事禀奏的王公大臣才可以去圆明园，其余的人就只能留在城里了，因为在黎民百姓遭受旱灾的时候也不适合举行大型的节日庆祝活动了。然而，大臣们是如何做的呢？尽管嘉庆已经有了明确的旨意，但很多大臣还是带着一大群随从跑到他的夏宫门前，他们其实并没有要紧的事情禀报，大多数人只是为了跑去向皇帝献上节日的祝福。当百姓饱受干旱之苦，衣食无着时，却看到皇帝的行宫门前被一大群喧闹的侍从和车夫挤得水泄不通，这些人还身着华丽的制服，驾着雍容华贵的马车，马车四面皆被昂贵精美的丝绸所装裹，甚至连马具都用料考究、装饰华美，

那么此时此刻，这些双眼无神的百姓又该怎样去理解皇帝对他们的"仁爱"之心呢？

因此，这些大臣和皇亲不识大体的行为必须受到惩罚。嘉庆一贯喜欢在金钱方面做出处罚，结果，包括6位皇子、7位王公、4位尚书以及其他官员在内的32人均被罚俸三个月。这实在是一笔意外之财，这一大笔钱正好有助于朝廷以低于成本的价格向百姓出售粮食，这对于平稳粮价有重大作用。在荒年的时候，朝廷总是采取这种方法去帮助穷苦百姓渡过难关。

另一件让嘉庆烦恼的事就是王公大臣们平庸无趣、矫揉造作的文风。和他的父亲乾隆帝一样，嘉庆总是以自己的文采为傲。他熟读四书五经、诗词歌赋，并擅长优雅的文体。但是嘉庆发现王公大臣们写的文章和诗词大多乏味无趣、毫无创意。他们懒得动脑推敲，只会拾人牙慧，从已故名家的经典作品中摘抄优美的词句。嘉庆批评他们写的仅仅是一连串的"引文"，既不可能展示优雅之风，也不可能体现真挚之情。无论是文章还是诗词，如果不能将触及灵魂的内容美和赏心悦目的形式美相结合，那就根本不值得一读。嘉庆要求王公大臣们必须用自己的方式表达内心真实的思想和情感，而不能只是机械地堆砌从他人

第四章　大臣与皇亲

作品中借用的华丽辞藻。嘉庆自己不太喜欢写风花雪月的内容，他更注重现实题材的作品，更关心与民计民生有关的主题。这些才是他希望看到大臣们写的内容，而且语言和句子要直奔主题、简单明了，切忌冗长繁杂，更不要多余的修饰之辞。在这些方面，嘉庆其实做得很好。人们经常把他描述成一个邪恶而愚蠢的人，显然这种描述只是一幅荒谬的漫画而已，并不是嘉庆的真实肖像。实际上，嘉庆的问题既不在于缺乏智慧，也不是不够勤政，而是在他温文尔雅的外表之下，缺乏一种内在的坚韧。只有真正做到外在的文雅和内在的坚韧相结合，才能得到由衷的尊敬与臣服。

嘉庆对于礼仪的细枝末节也有着非常严格的要求，甚至到了吹毛求疵的程度，这一点可能也影响了他的个人魅力。无论是在特定的仪式上，文武大臣应该跪在龙椅的左侧台阶下还是右侧台阶下，还是在受命主持祭祖仪式时，皇子应该站在祭台的中间还是侧面，嘉庆都有着严苛的要求。有一次，因为一个内侍在一个特定场合没有佩戴规定之物，就被嘉庆罚了半年的例银。每年开春的时候，嘉庆都会亲自率领文武百官到先农坛祭祀先农神，并且亲耕籍田。如果在耕作时，那些年迈的老臣们没能站成一条完美

的直线，嘉庆也会感到非常不舒服。

就连满族女性着装之类的琐事也会让嘉庆心神不宁。当时，中原的宽袖和小脚的时尚潮流已经开始影响到满族传统的审美观了。嘉庆执政的第九年，他有一次私下里观察后宫嫔妃平时的着装，突然发现她们身着宽袖服装这个可怕的事实，并且意识到这个问题的严重性。满族人荒废满洲旧制，渐染汉习，是对祖先的不忠，而且无视和违背了他的父亲乾隆帝刻在箭亭石碑上的祖训。在紫禁城的箭亭内卧有一碑石，上面刻着乾隆帝重申太宗皇太极戒后世训守衣冠仪制的圣谕，名曰《训守冠服骑射碑》，向八旗臣仆阐发维护满洲旧制的重要性。因此，这种对祖训的无视和违背必须在变成一种习惯之前被制止。然而，控制男人的着装很容易，但谁又能每日检查深闺之中的女人穿的是宽袖的衣服还是窄袖的衣服呢？唯一的办法就是让她们的父亲和兄弟，甚至八旗旗主来负起这个责任。如果再出现女人着装违背祖训的情况，她们的父兄和旗主将受到严厉的惩罚。嘉庆甚至开始想象他的旨意已经取得了预期的效果，下次选秀进宫的佳丽都将拥有纯正的满族审美观念。毕竟，这也是对他作为至高无上的帝王的尊重。

第四章 大臣与皇亲

嘉庆当然应该享受这些尊重,因为他是如此努力地完成了一项最辛苦的工作——削减军费开支。一天清晨,嘉庆检阅了驻扎在京城附近的炮兵部队,回到皇宫后他就开始思考这样一个问题:国库每年要为这些黄铜大炮和华丽的制服支出多少银两?对预算收支平衡状况的详细调查很少能让人心情愉悦,嘉庆一定度过了十分难熬的一天,尤其是他在父亲关于此类问题的诏书中,没有找到任何依据能够支撑他削减军费开支的想法。乾隆帝曾经以其高瞻远瞩的战略眼光指出,金银只是一种交换媒介,应该通过消费而不是囤积来造福百姓。军费支出是为了让国家强大,为了更好地保护黎民百姓,所以大幅削减军队规模并无益处。但嘉庆却另有想法。他不崇尚任何军事荣耀,将捍卫领土、抵抗侵略的军队主要当作维护国内秩序的警察部队,从来没有把军队用在真正的战争中。因此,尽管他的父亲乾隆帝曾明确提出过相反的观点,嘉庆却不想效仿沿用父亲的做法。他随即下旨,命军机处制定政策,有计划地遣散一定数量的士兵。他也从未想过这些被遣散的士兵有可能会因此被迫加入叛军的队伍。嘉庆此时最在意的只有每年能节省下来的好几百两银子。

另外值得一提的是,嘉庆还对紫禁城里一群好吃懒

做、游手好闲的人采取了严厉措施。而这些人恰恰都是皇族宗室。虽然他们是嘉庆的亲戚,但这并不意味着嘉庆愿意无限度地包揽他们的衣食住行和生老病死。一段时间以来,皇族宗室的财政窘境一直让嘉庆忧心忡忡、如鲠在喉。事实上,这个问题也曾困扰过他的祖父雍正帝。雍正和嘉庆一样,对琐碎的细节都了如指掌。1644年,明朝灭亡,当努尔哈赤的后裔将首都从盛京迁到北京的时候,他们的人数还不是很多。另外,经过改朝换代的战乱与动荡,前朝遗留下来的设施完善的宫殿和富饶的庄园,很多都没有了主人,而这些"后来者"则毫不客气地将其尽收囊中。因此当时的每一个八旗子弟都轻而易举就拥有了足以彰显贵族身份、维护贵族威望的财富。但是,由于清政府规定八旗子弟不得从事农、工、商等行业,只能选择当兵或者当官,而他们当中并不是每个人都能得到官职,于是当经济陷入困境的时候,他们的声望也就随之一落千丈了。

随着时间的推移,八旗子弟的人数呈几何级数增长,而他们的资产规模并没有随之增加,那些运气好的旗人还可以勉强维持收支平衡,而更多的旗人则只能眼睁睁看着自己的财富在迅速地减少。还有众多的丧葬嫁娶之事,让

第四章　大臣与皇亲

他们更加入不敷出、负债累累,只能东卖一块地、西卖一块田来解一时之困。直到最后,他们才痛苦地发现已经再没什么可以拿出来变现的了。有一条捷径倒是可以让他们重新快速富起来,那就是放下身价,接纳中原富商的女儿嫁入他们高贵的黄带子和红带子家族。但是嘉庆认为血统的力量取决于其纯洁性,这是一种本能的想法,其实许多人也都会这么认为,尽管它的科学性有待考证。因此,嘉庆在1813年做出了一个重要决定:禁止满汉通婚。

然而,禁令颁布之后出现的情况却在嘉庆的意料之外。他曾经颁布过诏书,斥责清代贵族奢靡的生活方式,但收效甚微,最后不过变成了一种说教,至多让人不痛不痒而已。然而,这次禁令带来的却是适得其反的效果:八旗子弟受到了刺激,反而决定更加彻底地堕落下去。即使有人苦口婆心地劝他们:你们家族的人口在不断增长,但是收入却无法随之增长,所以你们只能依靠最节俭的生活方式才能维持收支平衡。但是这种劝说又有什么用呢?他们几次三番经历入不敷出的窘境,自己早就知道这些道理了。嘉庆还批评他们流连风月场所,花天酒地,吃喝嫖赌,毫无节制,以致"数日之用,罄于一日,数人之养,竭于一人,不顾身家,罔虑日后,是自取贫困"。这些道

理他们也都十分清楚,不需要通过颁布诏书再对他们重复一遍了。但是,能够清楚意识到诱惑带来的严重后果和能够理性克制自己远离不良诱惑,这完全是两码事。

那些习惯了养尊处优的旗人,无论是年轻的还是年老的,怎么能抵制住那充满诱惑力的温柔乡呢?更何况那温柔乡与其他很多诱惑比起来,显得是那么的安全、那么的隐蔽。这是一种让他们从枯燥乏味的生活和无休无止的烦恼中暂时解脱出来的好方法。在他们祖传的宅邸里,每座房屋的屋顶都需要重新铺设,每根横梁都需要重新油漆,家里的工匠和外面的商人天天吵嚷着让他们付钱,府上的女人穿的是已经褪色的旧衣服,她们也不裹脚,看起来邋遢极了。然而,即便是镶黄旗子弟,如果囊中羞涩的话,那些优雅的苏州名妓也不会再对他们施展笑颜,那些债主和当铺老板也会变得不再有耐心。

八旗子弟的丑闻到处都是。很快,嘉庆也开始听到一些消息,接下来,更多的丑闻便源源不断地传入他的耳中。嘉庆实在忍无可忍,不得不考虑采取严厉的措施。皇城里出现了一群生计艰难、无所事事、腐化堕落、难以胜任自身使命的亲戚,这对大清王朝的声誉没有任何好处。嘉庆越是为伟大的祖先感到骄傲,就越是为他们有这样的

第四章　大臣与皇亲

后代，尤其是像他表兄弟这样的人而感到羞愧。昔日，他们的祖先曾弓马骑射夺得天下，而无数的八旗子弟曾是大清江山永固的保障；可是现在，他们却变得骄奢淫逸、玩物丧志，甚至已经堕落到连马都骑不好了。他们只是在消耗皇室的资源，现在的他们还有能力保护这座皇城吗？他们使皇宫免遭天理教入侵的耻辱了吗？完全没有！而关于他们负债累累、风花雪月以及沉沦于酒精和鸦片的种种丑闻，很可能已经被天理教这样的组织所利用，成为他们用来反对所有满族贵族的把柄。终于，嘉庆下定决心将他们送出京城。

嘉庆以最快的速度为他们选定了合适的地址。在清代旧都盛京的东门外，一座新城悄然崛起，里面建有住宅、学堂、寺庙、官府，以及能够满足国语学习和骑射训练所需的所有建筑和场地。新城共有 80 个组成部分，除了城门和瞭望塔外，四周还有坚固的城墙。最重要的是，这座新城因为靠近他们祖先的陵墓而显得更加神圣，祖先的神灵会在那里继续护佑子孙后代。没有比这里更理想的地方了！回到这里，那些债台高筑、颓废堕落的八旗子弟将迎来充满希望的崭新生活，重新养成节俭的美德，学会像他们高贵的祖先那样过简朴的生活。而嘉庆也可以远离这些

在京城只会给他惹是生非的皇室宗亲了。嘉庆认为自己为他们考虑得这么周到，他们也一定会感激涕零的。但是嘉庆的这个想法有点过于天真了！当这些八旗子弟听到风声时，非但没有感激之情，反而咬牙切齿，怨声载道。对于他们来说，皇帝的这种做法就如同把他们当作罪犯一样流放边疆。盛京是苦寒之地，道路艰难，路途遥远，他们怎么能够经受得住长途跋涉的艰辛？他们究竟做错了什么，为什么要受到这样的对待？

反对的声音持续了很久，依然强烈。为了平息他们的怨气，嘉庆表示愿意拿出11000两的巨款，用这些钱为他们雇用宽敞舒适的马车，为他们和仆人提供一路上的饮食，而且在关内关外都安排了特使接待他们，让这趟远行看起来像出游般舒适。嘉庆为他们做了这么多，就是要消除他们对自己的误解，让他们认识到皇帝宽宏大量的气度。也许这些努尔哈赤的后代当中明白事理的会理解嘉庆的一片苦心。就这样，他们被马车载出了北京的城门。一百七十年前，这座都城曾经向他们伟大的祖先率领的八旗军队敞开了大门。也许，在最初的思乡之情逐渐缓解之后，他们心中的怒火和怨气也会逐渐平息，他们就可以在新的家园安居乐业，重新学会节俭，

第四章 大臣与皇亲

熟习骑射。但是，他们当中有一些人把在京城的恶习也一并带了过来。在他们被迫迁徙东北祖地的六年期间，那里的牢房一直就没有空着过，牢里关着害群之马，让他们自我反省和改过自新。

那些积习难改、不可救药的宗室的名单被送到了嘉庆的手中，以便他在巡谒盛京时进行大赦。同时，嘉庆也通过其他一些方式为他们日复一日单调的生活增加一些色彩和乐趣。在嘉庆回盛京拜谒祖陵时，他们得以再次穿上华丽的朝服，在城门口恭候圣驾，嘉庆慷慨地赏赐他们大量的银两。之后又举行了几场盛大的宴会，其中有一场豪华盛宴因高丽使节的出席而增色不少。敬献祖先的祭品也极其丰盛，让人羡慕。嘉庆还举行了作文比赛、诗词大赛，甚至还有翻译比赛，每一场比赛的获胜者都能得到丰厚的奖赏。此外还有骑术比赛、原地射箭比赛和骑马射箭比赛，每一场也都设有适当的奖金，以激发他们对这些运动项目的热情。因为嘉庆自己不喜欢那些不必要的礼物，所以他觉得还是金钱上的奖励最有必要。嘉庆也非常清楚满族的根本——"国语骑射"的重要性。多年来，他反复宣谕祖制，提醒八旗子弟不忘满族尚武之风。

长期的和平繁荣加上嘉庆本人对战争的厌恶，使得王

公贵族们"乃迩年风气日就华靡,饮食衣服,无一不竞美争鲜,毫无节制",并且开始吸食鸦片,以至于他们不愿再离开奢靡舒适的生活环境去木兰围场进行辛苦的狩猎活动。曾经有一个朝廷大臣在和率团访华的英国大使阿美士德勋爵交谈时承认,只要一想到要参加皇帝举办的狩猎活动他就会立刻感到心慌和沮丧。事实上,狩猎活动已经不再受王公大臣的欢迎了,他们甚至自发组成了一个固定的小团体,经常在一起煞费心机,暗中策划,蓄意破坏皇帝的狩猎活动。他们不仅自己不喜欢,而且还要找到充分的理由让皇帝也远离狩猎。

在乾隆统治时期,木兰秋狝是一年一度的秋季围猎盛事,和其他活动一样,一直都进行得十分顺利,活动内容也非常丰富。偷猎和非法侵占土地的行为都被明令禁止,因此那里森林茂密,猎物丰富。乾隆帝驾崩之后,嘉庆在三年守孝期间暂时中止了木兰秋狝。嘉庆七年(1802年)六月,丧期刚过,这位新皇帝就迫不及待地下旨重启木兰秋狝。很多大臣上书反对,试图劝阻,但他们所持的理由都十分牵强。比如,由于西部地区的叛乱尚未平息,皇帝不宜离开紫禁城去那么远的地方——去皇陵祭祖已经够远的了;或者,由于粮食歉收,百姓的生活已经非常艰难

第四章 大臣与皇亲

了,修缮道路和桥梁会给百姓带来更加沉重的负担;甚至还有大臣提出了一个自认为绝对无可辩驳的理由,佯称往年4000两银子的价格现在已经不能雇到去热河的马车了。他们声称,由于货运马车十分紧缺,无论出多少银两也无法雇到朝廷需要的数量。但是嘉庆的心意已决,出乎这些大臣的预料,或许也出乎他自己的预料,他居然立即将车费提高了1000两。于是,这个最主要的矛盾就迎刃而解了,嘉庆也同样解决了大臣们提出的其他难题,木兰秋狝终于得以如期进行。

然而到了第二年(1803年),嘉庆本想继续率蒙古王公及八旗官兵去木兰行围,但这次却不得不取消,因为围内野生动物短缺,甚至没有猎物可打了。相关官员试图掩饰这一尴尬的事实,他们谎报称寒冷干燥的天气造成木兰围场水涸草枯,从而引发草料短缺,才造成了野生动物数量大为减少的局面。嘉庆当然不相信他们编造的故事,于是亲自选派了几名官员专门赴木兰围场进行全面调查,彻底找出事情真相。正如他所预料的那样,之前所奏并非真相,他们只不过是为了掩盖一个可悲又可耻的事实。但之后的调查结果显示,在木兰围场的72个围中,有13个围内已经难以觅到野生麋鹿的踪迹了。大片的森林遭到砍

伐，野生动物因为失去其繁衍生息的场所才数量锐减。尽管围场的主管官员口若悬河地吹嘘已经逮捕了近 200 名偷猎者，但事实上，私入围场盗猎的现象仍然屡禁不止。守围官兵玩忽职守，没能有效阻止当地百姓越界开垦、盗伐围木、诱捕猎物、获取鹿角。嘉庆大怒，下旨革去围场主管官员的职务并对其进行了处罚，同时又重新制定了更为严厉的狩猎法代替了原来过于温和的规定：凡入围打枪、放狗或砍木者，除照例拟罪外，皆面刺"盗围场"，未获猎物者面刺"私入围场"，以辨别再犯者。守围官兵也从 101 名增加到 1638 名。然而，已经造成的破坏却无法在下一个狩猎季节到来之前恢复了。

接下来的一年（1804 年），由于猎物稀少，木兰行围不得不再次取消。随着调查的进一步深入，更多的问题被暴露出来。在一些地方，地上纵横交错的车辙提供了线索，表明大量的树木已经被一车车地运走，在皇帝还未来得及追查到的地方被烧成了灰烬。嘉庆得知后龙颜大怒，有着一百多年光辉历史的皇家猎苑如今竟然变成了盛京木材市场充足的原料供应地！木兰秋狝是清代十分重要的传统，由嘉庆的曾祖父康熙帝创立。1681 年康熙帝建成木兰围场，1703 年建造了热河行宫。从此，皇帝每年都要率王

第四章 大臣与皇亲

公大臣和八旗精兵来到这里秋狝习武。康熙帝在热河专门开辟1万多平方公里的狩猎区域,这其实有三重目的:一是专供围猎,二是军事操练,三是与众多强大的边境部落建立良好的关系。嘉庆的父亲乾隆帝一直精心守护着这个传统,并嘱咐一定要千秋万代地传下去。但是现在,这个重要的传统却面临着趋于消失的危机。这种令人触目惊心的状况完全是因为主管官员的懒惰、欺骗和无能造成的。盛怒之下,嘉庆对木兰围场的所有官员都进行了处罚。依据罪责轻重,他们有的被遣回,有的被降职,有的在等待进一步的判决。在这次强力整顿之后,木兰围场的情况逐渐得到好转,嘉庆终于又能够秋狝木兰了。

这种平静维持了好几年,直到1815年再次发生了蓄意破坏巡幸木兰的事件。根据嘉庆返回紫禁城后颁布的诏书,这一次他成功将破坏狩猎的企图扼杀在萌芽之中。"八月十五日,瓢泼大雨连续下了半日。次日清晨,雨过天晴。朕正欲启程前往木兰围场,这时皇三子绵恺派来的一个太监奏报,通往围场的二道河副桥已经被洪水冲毁,正桥也完全被河水淹没了。于是,蒙古王公及皇子们一致请求取消狩猎。朕拒绝了他们的请求,命令策马渡河。当到达河边时,却发现河水距离桥面仍然一尺有余,桥座也

稳固无虞。朕命军机处询问绵恺，他将责任全部推到了热河总督的身上，但是后者否认说过任何关于大桥被河水淹没的事情，只是禀报过桥有些下陷。显然，绵恺浮言惑众，畏葸不前，就是为了阻止此次行围狩猎。这种事情发生在最应恪守传统的皇子身上，更加不能原谅。如果是一名满族官员或蒙古官员犯下这样的过错，一定会立刻被革职和杖打。绵恺是身份高贵的皇子，因而只是被罚了俸禄。但是皇子没有做到以身作则，没有树立好的榜样，因此必须革去他御前大臣、领侍卫内大臣，以及管围大臣、总理行营大臣的职务。皇子皇孙、满蒙八旗都要以此为戒。祖先传下来的规矩朕不敢违背，朕也不会听取那些乱政的莠言"。

一波未平一波又起，这次是由一只薄胎瓷碗引起的轩然大波。事情发生在乾清宫，在嘉庆为皇室宗亲举办的新年宴会上，有一位二等公爵不幸迟到了。新上任的大内总管为了让他尽快入座，就用力将他推向座位。结果这位慌乱的公爵不慎跌倒，打碎了桌上的一只碗，这是一只有淡黄色龙纹和祥云图案的薄胎瓷碗。嘉庆听到声音之后，十分不悦，但是因为不想破坏宴会的气氛而并未作声。如果不是宴会之后，一位蒙古王公自作主张地派一个太监来解

第四章　大臣与皇亲

释该事件的始末，一切本来会风平浪静地过去。但是现在嘉庆已经怒不可遏了，一个原本就没有资格直接和皇帝对话的蒙古年轻王公，居然通过一个被明令禁止做这种事的太监来转达口信，这是公然违反礼仪的行为，是严重违背祖训的，因为祖训明确规定太监不能干涉朝政。由于一些太监曾经在天理教入侵皇宫的恶性事件中扮演了极不光彩的角色，所以在那次事件之后，嘉庆就很难再继续相信他们了，并且开始密切关注他们的一举一动，防止他们在宫内肆意妄为。嘉庆最近发现皇子们在当值时经常与太监们聊天，尤其喜欢找内奏事处的太监闲聊，打探一些关于朝廷和大臣的有价值的信息。"怎么会这样？"嘉庆勃然大怒，"皇子们为什么会和太监进行如此密切的接触？他们为什么如此好奇？他们这么做究竟是出于什么目的？"

为了避免这种不正常的势头继续蔓延，嘉庆规定，从今往后皇子只能在乾清门外的外奏事处递交奏折，不允许内奏事处的太监接收任何不符合递折规定的奏折。这样就断绝了皇子与内奏事处的太监直接接触的机会。嘉庆还进一步强调，如果没有特别传唤，皇子不能随意进入乾清门。同样，嘉庆住在圆明园时，皇子也不能擅

自进入左门，必须要等总管带领才能进入。这一系列禁令的导火索居然就是那位不守时的二等公爵打翻的那只薄胎瓷碗。因为这次过失，这位二等公爵被罚俸半年，而那个过于热心的大内总管也被罚俸三个月。就这样，这位崇尚节俭的皇帝又设法从一只被打碎的瓷碗上面获得了一笔可观的收益。

在这件事情发生的前一年，嘉庆还曾用同样的方式获得过更大的收益：他罚了一位一品亲王五年的俸禄，并且取消了一位皇子每年1000两的额外津贴，而这笔津贴也是他之前一时慷慨所赐。被罚俸的一品亲王正是嘉庆最年长的皇兄——仪亲王永璇。当时恰逢仪亲王七十岁寿辰，为了庆祝他的寿辰，嘉庆特地托付他于五月十五日祭祀裕陵。这是一份特别的荣耀，永璇欣喜不已，心怀感激地接受了任务。但是由于无法解决早起的问题，他无知地提议在五月十日中午出发，而这么做是违反先例的。清晨四点是启程的最佳时间，最晚也不能超过早上八点，中午十二点才动身简直是闻所未闻、史无前例。结果，他们行至通州时又遭遇大雨，因河水涨发淹没了堤岸，导致一行人无法渡河，被迫留宿通州。如果他们能早一点出发，原本是可以赶在堤岸被淹没之前过河的。仪亲王永璇本该一直等

第四章　大臣与皇亲

待河水退去,然而候至十三日见河水未退,他擅自做了一个愚蠢的决定,竟然若无其事地原路返回,让一个年轻的贝勒代替他渡河去裕陵行礼。永璇不仅迟误了祭期,而且未经奏报自行回京。这样的胆大妄为如果换作别人很可能是砍头的大罪,但是嘉庆考虑到皇兄年事已高,便网开一面,没有按例对他进行严厉的惩罚,只是将他革去亲王之位降为郡王之位,并罚王俸五年。永璇是否也认为这样的处罚很轻,我们就不得而知了,但是年迈的他并没有提出任何异议,他们两兄弟之间的感情似乎也没有因此而受到影响。

也许是因为在嘉庆六十大寿时,永璇送上了丰厚的寿礼,让嘉庆深感欣慰,于是嘉庆又恢复了永璇的亲王爵位,并特许他不必再上早朝。此外,嘉庆还特别恩准永璇、皇十一兄永瑆,以及与永璇年龄相仿的皇侄绵恩乘轿出入紫禁城,以免去患有痛风腿疾的他们在刺骨的寒风中步行的艰辛。因为嘉庆的特别关照,他们三人得以舒适地坐在轿子里奢华的龙纹锦垫上,感激之情溢于言表。

第五章
阿美士德使团

第五章 阿美士德使团

阿美士德勋爵访华失败是嘉庆执政时期的一个小插曲。半个世纪之后，随着一系列灾难性事件的发生，这个小插曲才被放大成为一个具有重要意义的历史事件。虽然阿美士德使团让清政府的4位大臣颜面尽失，但这也只能算作王朝逸事，难登历史的大雅之堂。事情的起因原本很简单：当时的英国看到与中国进行贸易往来可以获得丰厚的利润，便希望进一步扩大中英自由贸易范围，打开中国这个庞大的市场。但遗憾的是组织这次出使活动的英国人却是平庸之辈，而奉命出使中国的英国特使以及负责接待使团的清朝大臣也是目光短浅之人。阿美士德勋爵出使中国的失败虽然并没有导致1840年鸦片战争的爆发，也不是1842年签订《南京条约》的导火线，但这个事件却埋下了一颗互相敌视的种子，使东西方之间已经存在的误解壁垒更加难以逾越。为接待阿美士德使团，嘉庆损失了一大笔费用，这也是他最不情愿付出的代价。而英国使团趁访华之机还对中国的海域进行了精确的测量，尤其是仔细地勘察了直隶湾和琉球群岛周围的复杂海况，并取得了航道详图。根据这些勘测收集到的情报，他们得出这样的结论：只要西方国家发动一场策划周密的攻击，必将导致或

加速大清帝国的瓦解。

事实上,早在乾隆统治时期,英国第一任访华大使马戛尔尼伯爵就曾提出过相同的观点。马戛尔尼全然不念乾隆帝对他慷慨热情的款待,也完全忘记了自己对这位伟大的统治者的由衷敬佩,以及对他建造的气势恢宏、巧夺天工的避暑山庄的真诚赞美。他在回忆录中写道:"中国只是一艘破败不堪的旧船,只需几艘三桅战船就能摧毁其海岸舰队。"如果说马戛尔尼在1793年还只是倾向于将这种观点作为一种假想的军事建议,而且也仅是作为一种非人道的权宜之策的话,那么阿美士德使团的成员在1816年则对这一观点进行了具体的阐释,他们认为琉球群岛有朝一日很可能在政治上和经济上有利用价值,也许只需要发动一场战争就可以征服中国。

清朝政府对这些潜在的危险并非一无所知,因此他们对外国人打着各种友好的幌子,却对以不可告人的目的从事的各种活动一直保持着密切关注,他们对这些外国人表现出的一贯不友好的态度也是无可指摘的。早在1802年,英国这个率先进行并完成工业革命的资本主义国家就像一只披着羊皮的狼,终于掀开了身上的羊皮,露出了它的本来面目。它呲着獠牙,把所有国际规则抛到一边,强行登

第五章 阿美士德使团

陆澳门。澳门是中国的领土，自从1557年被葡萄牙人租占了以后，经过二百多年的发展，已经成为欧洲商人前往广州进行贸易活动的重要中转地。英国人给出了一个冠冕堂皇的理由：他们如果不先进入澳门，那么这座岛屿很可能会被法国人占领。当时英国与法国正在交战，出于本国战事的需要，这些英国入侵者并没有在澳门逗留太久。但是事情却并没有就此结束。

1808年，英国人又卷土重来。这一次至少有9艘载满大炮和火药的英国军舰驶向澳门，300名英国士兵迅速登陆，再一次占据了这个海岛。英国人再次美其名曰，他们此行的目的只是为了保护在澳门的英国人、中国人和葡萄牙人，以防范那些凶恶的法国人侵占澳门。嘉庆接到奏报后怒不可遏。英国人声称自己是被压迫民族的捍卫者，前来阻止他们的顽固敌人的阴谋企图。此乃无中生有！此时此刻，中国周边根本就没有出现任何敌对国家。嘉庆在诏书中写道："这些英国蛮夷难道不知道他们来到了天朝上国的管辖范围内吗？法国人怎么可能在这里轻易地伤害到他们所谓的需要保护的人呢？如果法国人真的胆大妄为，敢采取任何军事行动的话，我大清帝国的军队也必将会立即制止他们，又何须他国的帮助？英国蛮夷还辩解称，由

于最近发生了多起海盗袭击事件,所以他们的国王下令要及时协助我们打击海盗。他们真的如此无视大清海军的雄风吗?如果把我们的火炮集结在海上,一定会消灭所有的海盗,又何须外部的援助?英国蛮夷的所有借口都是无风作浪和荒谬至极的。"随后,嘉庆指责两广总督只警告英国人撤回他们的军队,而没有立即将他们赶出去。然而,对于两广总督这样的官员来说,他们更关心的是如何让对进入广州的英国商船征收的重税流入自己的口袋,至于国家的尊严和海域的安全则是次要考虑的问题。无论如何,不久之后,海上再次恢复了安宁,澳门再次回到了其合法所有者的手中。

1812年,英美战争爆发。1814年,无法自控的英国人受其全球军事扩张野心的驱使,无视他国的领海主权,再次派出军舰公然在广东沿海游弋。同年4月,一艘名为"猎手号"的美国商船在莱德隆群岛附近的海域行驶时,遭到英国"多利斯号"战舰的突袭,并被劫持到澳门。此事发生后不久,美国的其他一些船只也相继遭到了同样的命运。面对英国军舰的嚣张跋扈,当地官府的自然反应是要求英国东印度公司驻广州的特选委员会让英国军舰尊重他国的领海主权,立即驶离中国海域。但是东印度公司驻

第五章　阿美士德使团

华特派员辩解称，他们无权对英国皇家海军军舰发号施令。对于这种推辞，中国的官员自然无法接受，并坚持认为，英国商人既然享有在华贸易的特权，就应当对所有英国船只和所有英国同胞的行为负责。当地官府以不再给英国商人提供食物和仆人作为威胁，而英国商人则以要撤走他们所有的商船作为回击。事实上，当时的清政府官员正是通过压榨那些与英国商船进行贸易的中国特许商人，才得以在俸禄之外获得一笔可观的收入，这就使得英国人的威胁最终奏效。

托马斯·斯当东爵士是当时英国东印度公司驻广州的特选委员会中最活跃的成员，他主张以强硬的态度对待清政府。小斯当东第一次来中国时，还是个年仅十二岁的孩子。1793年马戛尔尼使团访华时，他作为侍童跟随父亲一起来到中国，他的父亲乔治·斯当东是马戛尔尼使团的副使。乾隆帝当时注意到了这个小男孩，对他喜爱有加，并称赞他的中文讲得十分流利。二十一年后，嘉庆也注意到了他，但却因为同样的原因，不仅不喜欢他，还对他严加防范。在英国"多利斯号"战舰擅自闯入虎门要塞的事件中，小斯当东引起了嘉庆的警觉。嘉庆谕令广东巡抚必须严密监视小斯当东："英国蛮夷斯当东曾经和英吉利进贡使

臣一起来过京城。小斯当东当时虽然只有十二岁，但却十分狡猾。他在往返的旅途中偷偷画下了沿途省市的地图。返回广州之后，他并没有马上回国，而是留了下来，在澳门进行了长达二十年的中文学习。这是一种危险的预兆，必须严密监视斯当东现在的一举一动，并随时向朕禀告。"事实上，在1798年之前，小斯当东并没有在中国定居。直到1798年，他才因出色的汉语水平而受到东印度公司资助，被派往广州，得以再次来到中国，负责报告东印度公司设在广州的商行的运营情况，这在当时可是一份令人垂涎的美差。

小斯当东傲慢地为英国军舰的海上暴行辩解："只要是与英国交战国家的船只，不论它们出现在哪里，英国军舰都可以见敌必战，不必顾忌中立国的权利。"小斯当东的这种强硬做派也使他成为东印度公司驻广州特选委员会中与清政府官员进行交涉的权威人物，至少在其同胞眼中是如此，而那些未得到尊重却只能无奈妥协的官员肯定会有不同的想法。

这场争端，尽管和其他所有争端一样，表面上得到了解决，但是留下了中英双方相互猜疑、怨恨和或多或少公开对抗的过节。令人不安的因素如此之多，以至于东印度

第五章 阿美士德使团

公司开始对其最有价值的资产——对华贸易的稳定性——而感到担忧。因此，1815年7月，东印度公司董事会请求英国内阁再次进行1793年的尝试——派遣使团访华，所有费用全部由东印度公司承担。这一次由英国的摄政王、乔治三世的长子负责从贵族中挑选大使，这是为了突出对此次出使任务的重视程度，同时也是为了更好地掩盖英国意图打开中国市场、扩大对华贸易的商业目的。

从这种考虑出发，被任命为此次访华使团的全权大使的是阿美士德勋爵，他是如今已经被人遗忘了的贵族——阿美士德元帅——的侄子。这位元帅曾经是英国的陆军将领，担任过维吉尼亚和英属北美洲总督。因为没有子嗣，在他去世之后，他的侄子继承了他的贵族爵位。

小斯当东爵士则被任命为使团的副使，他就是嘉庆命广东官员严密监视、小心提防的那个狡猾的"英国蛮夷"，因此注定不会成为受欢迎的人。而英国摄政王事先也没有就访华使团的人员组成问题征询过清朝最高统治者的意见。可以肯定，小斯当东对这次出使任务的失败负有不可推卸的责任。由于不久之前在英国"多利斯号"战舰擅自闯入虎门要塞的事件中，小斯当东以其强硬的态度占据了上风，这就使他更加坚信，想要从中国人那里得到任何东

西，最有效的方法就是在"傲慢和固执"方面胜过他们。然而，这种在对付广州的官员和商人时行之有效的方法，如果用在紫禁城就很可能招致灾祸，除非他们也能够像上一次出使中国的马戛尔尼大使所表现的那样，将这种傲慢和固执伪装在谦卑、温和、灵活的外表之下。而这恰恰是小斯当东无法做到也永远无法理解的。在广州的时候，就连小斯当东的同胞也不太喜欢他。通过小斯当东的特殊成长经历我们就不难理解了：他的父亲从来不允许他与同龄的孩子一起玩耍，担心他受到品行不良的孩子的影响。而小斯当东则声称自己从小就不喜欢玩具，他刚过完四岁生日就开始投入到拉丁文的学习当中了。

使团的另一名副使名叫亨利·埃利斯，他同时兼任大使秘书，地位仅次于阿美士德勋爵和小斯当东爵士。这个职位的要求其实很高，能够胜任者需要拥有比一般人更机智的头脑和更广博的胸怀，然而埃利斯却是一个眼光狭隘、固执己见的人。在他所记录的关于这次出使中国的日志中，他煞有介事地写下了在踏上中国大地之前就已经形成的偏见：这个国家的底层百姓贫苦不堪，而上层社会则卑鄙傲慢；整个帝国没有活力而且缺乏文化多样性，千篇一律使整个民族陷入僵化。这都是因为他们满足于时代的

第五章 阿美士德使团

平庸，排斥国外先进的科学知识。埃利斯后来也从未用心去修改过他的这番"定论"，如果如此离谱的东西也可以被称为"定论"的话。至于他后面发表的所有言论，都只是这个"定论"的不同表现形式而已。其本质和核心不过是关于一个东方大国的荒谬而残酷的传说：这个东方大国被过度保守主义所束缚，被禁锢了一切创造力和学习新事物的精神。

埃利斯在他所描绘的这幅丑化中国的"漫画"上，还不惜添上更加扭曲的一笔。据他所述，这个帝国完全被一种古老的文化所控制，而这种文化唯一值得称道的地方就是其强大的生命力和延续性，除此之外，埃利斯都将其描述为"不值得尊重、缺乏庄重之感、有失大气或有失优雅"。埃利斯如此心安理得，竟然完全没有意识到他写下的只是一堆垃圾。

埃利斯接下来的言论无疑更加暴露了他的无知："中国文学在很多个世纪里就如同一件笨重的古玩，因循守旧，思想文化停滞不前。"对于孔子，埃利斯虽然极不情愿，却不得不承认："作为哲学家，他是值得称道的，并且至少在他的同胞中，他能算得上是一名爱国者。"不过埃利斯又补充道："但是没有发现孔子的著作能激发欧洲人的

阅读兴趣或者能为欧洲人提供一些有价值的指导。"显然，这种说法也恰恰证明了埃利斯的目光短浅和孤陋寡闻。对于佛教，埃利斯则草率地称之为"荒谬的偶像崇拜"。

带着他这种"无比独特"的观察力，埃利斯还宣称，"中国的绘画、书法、工事、雕塑和建筑"（他明确列出了这几项），都未能体现出"高雅的品位"，只是在"做怪诞和费力的无用功"。中国的绘画和书法是如此精妙的艺术：毛笔的笔毫落在丝绸或纸上，灵敏细腻、平滑流畅、干净利落，将笔触的运动感和延续性发挥到了极致。而埃利斯却用如此怪诞的词语来形容这些艺术。也许对他而言，法国戏剧舞台上的那些呆板沉闷的伪古典主义戏剧才是"高雅品位"的象征，这种戏剧一定非常适合他的风格。尽管埃利斯也亲眼看到了中国劳动人民的精湛技艺、吃苦耐劳的优良品质以及积极乐观的精神状态，但是他仍然顽固地认为中国是一个"最无趣的国家"，它的国民则是"一群喧闹、粗俗、邪恶、肮脏、呆板、尚未完全开化、充满偏见和不切实际的人"。埃利斯真的是极尽贬损之词，他夸夸其谈，还大言不惭地声称："即使是一条从英国农舍旁缓缓流过的小溪，也会为自己比中国的那些大江大河拥有更高尚的道德而感到自豪。"显然，埃利斯在说这句话时已

第五章 阿美士德使团

经完全忘记了英国农民喝得烂醉如泥的丑态,在那种状态下,他们早已将所谓的"道德状况"抛至脑后。

最后,埃利斯对此次中国之行进行了一个总结,认为收获几乎为零:"有机会深入走访这个东方大国的欧洲人寥寥无几,如果不是因为有幸成为其中一员还能给我带来一丝微不足道的满足感与成就感的话,我会认为此次中国之行纯粹是白白浪费时间。我既没有感受到现代文明生活的精致与舒适,也没有体验到处于半蛮荒状态的国家的自然野趣,却发现我自己的思想和精神受到了那里沉闷、压抑、束缚的氛围的影响。"埃利斯似乎从未考虑过,他说的这种令人避之犹恐不及的氛围,其中有一部分可能就是英国使团自己带过去的。

从埃利斯记录的文字中,可以发现一种奇怪的现象,那就是嘉庆最不讨人喜欢的形象在当时被广为流传,至少在广州是如此。这位大清帝国的最高统治者不止一次地被描述为一个胆小、懦弱、任性而又暴戾的帝王。甚至还有传言说,当嘉庆回到幽深的寝宫时,就不再讲究"体面和庄重",习惯于将"礼仪规范"抛在一边。

埃利斯之前对中国一无所知,他坦率地承认他的观点全部都来自那些了解中国的英国人,其中大多来自小斯

当东和罗伯特·马礼逊。马礼逊是阿美士德使团三名翻译中的首席汉语翻译，也是第一位在广州定居的基督新教传教士。在其英国同胞眼中，马礼逊头顶着权威和智慧的光环。由于嘉庆严格执行他的曾祖父康熙帝颁布的"禁教令"——雍正帝和乾隆帝也都把"禁教令"当作了一项基本国策，因此身为传教士的马礼逊自然对嘉庆产生了强烈的偏见和不满。但是，嘉庆的做法无疑是正当的，因为基督教士与那些煽动暴乱、策划颠覆国家的组织有着秘密的联系。由此可见，埃利斯从马礼逊那里了解到的关于中国的一切信息，其真实性或因缺乏公正评判而大打折扣了。

至于小斯当东，他本应持有一种相对客观公正的立场，那么他对嘉庆皇帝的那些偏见又是从何而来的呢？在他成为阿美士德使团的副使之前，小斯当东仅同广州的一些官员和商人有过接触和交往。由此不难推测，尽管广州的官员和商人既不喜欢也不信任这个外国人，但他们很可能在小斯当东面前说过不少对嘉庆皇帝不利的话，这也确实让人难以置信。因此，破坏嘉庆名声的种种谣言一定在当地广为传播，这表明一场反清宣传活动应该正在那里紧锣密鼓地开展。不论它的发起者是白莲教或者是其他类似

第五章 阿美士德使团

的宗教组织，还是外国传教士，抑或是二者皆有之，总之这场反清宣传活动成了英国军火库里最受欢迎的武器。它是否得到了英国资金的秘密资助，作为他们颠覆清政府的第一步，我们可能永远都无法确定，但可以肯定的是，这些传言影响了英国商人对中国市场的开拓。

人们并不清楚这些传言究竟有多少是建立在事实的基础上的，但是也隐隐感觉到这样的做法应当受到严厉的惩罚。对于那些谣言传播者来说，他们最不关心的就是真实性。他们唯一的目的就是尽可能让流言散播得更广，而且通常采用的都是虚构事实、贬低他人人格、毁损他人名誉之类的手段，因为这些方法比较容易奏效。尤其是那些关于当权者的负面消息更容易吸引公众的关注，因为位高权重的人不仅令人仰慕，更令人畏惧，当底层的百姓听到他们的道德水平连普通人都不如时，心里自然会产生一种莫名的欣慰与满足。因此，关于嘉庆皇帝反复无常和软弱无能的传言，以及他与年轻的戏子过于亲密的故事，无论是真是假，都一定会在广州的官员和百姓当中迅速而广泛地流传开来。

然而不幸的是，那些被英国摄政王派往中国的使臣们，本来肩负的是博取嘉庆皇帝的好感、开创两国友好合

作新局面的重要外交任务，但他们却也偏听偏信，任由那些谣言影响他们的判断和行动。这可不是一个充满希望的迹象。在欧洲人尤其是英国人的内心深处存在着巨大的优越感，为了防止这种优越感被破坏，阿美士德使团中的大部分人都自动披上了厚厚的"偏见"的外衣来进行自我保护。而与之对应的是，那些中国官员也同样将自己紧紧地包裹在坚硬的"偏见"的铠甲里，他们也想让这些英国人明白，在他们眼里，凡是大清帝国之外的人只有一个名字——"蛮夷"。这个名字在当时的官方文件里也经常出现，这种带有污蔑性的词汇很容易得到广泛传播，尽管这是一种非常幼稚而且既不准确也不礼貌的称呼。

当偏执遇上顽固，结果只有一个，那就是互相伤害。很快，事实就证明了这一点。1816年2月初，阿美士德使团从英国出发，7月初抵达中国广州，8月6日抵达天津。由于天气炎热，他们连续多日疲倦乏力，头晕眼花，当到达天津时就已经处于轻度脱水的状态了。然而，仅仅十几天后，他们就于8月29日在"近乎精神错乱的状态下"被赶出北京，逐出中国。他们历经数月艰辛，长途跋涉于风雨、泥泞和黑夜之中，从遥远的欧洲千里迢迢来到中国，却遭到了同样深感被冒犯的大清皇帝的驱逐，甚至

第五章　阿美士德使团

未能见上大清皇帝一面，未能提出任何要求，就被遣返回国，他们怎能不气急败坏。中英双方的相互指责结束之后，这次众所期待的访华之旅只能彻底宣告失败。阿美士德使团回国之后，埋怨仍在继续。其实英国使团忽略了重要的一点：想要打动耀眼的东方，需要付出多少代价。

在那个时代，英国国王和他派出的代表都在世界上占有举足轻重的地位，他们的每一个举动都伴随着声势浩大的排场。这次英国派遣出使中国的使团至少有75个人，为了将他们安全护送至中国北方，英国政府甚至动用了整整一个中队的皇家船只。阿美士德使团从英国南部的斯皮特黑德出发，离开巴达维亚后，停靠香港岛进行补给，然后便直接驶向直隶湾。8月9日，使团在天津塘沽附近抛下船锚。嘉庆已事先公开表示准许他们来中国，并且任命了两名钦差大臣专门负责英国使团的接待事宜。

两名钦差大臣中比较年轻的一位叫广惠，他全程陪同英国使团直至其回国；另外一位是工部尚书苏楞额。当年马戛尔尼伯爵率团访华时，曾经在广州逗留，苏楞额时任粤海关监督。这是一个极为重要的职位。而苏楞额也因此有过一些与外国人打交道的经验，并且清楚地记得当年会说五国语言的"年轻绅士小斯当东"。然而，在欢迎英国

使团的乐章刚刚奏响之时,第一个不和谐的音符就出现了。在阿美士德使团抵达天津的第二天,苏楞额奉旨设宴款待远来的客人,而此时三跪九叩的礼仪之争就出现了。嘉庆之所以命钦差大臣宴请使团,并非出于他的热情好客,而是因为他的父亲乾隆帝曾经以同样的方式接待过马戛尔尼使团。如果花销不会太大,这样的先例还是要遵循的。

由于宴席是皇帝赏赐的,开席前所有参加者都必须要叩谢皇恩,行最隆重的三跪九叩礼:双膝跪地三次,每次三叩首,头要触碰地面,总共九叩首。这是所有臣子,包括皇亲国戚和位高权重的大臣,对皇帝表达无上尊敬的方式。当然,他们在这些动作中找不到一丝奴颜婢膝的感觉,因为三跪九叩礼是一种象征,是尊敬到极点的象征,自古以来就是一种神圣的礼仪,与庄严恢宏的殿宇、精致华丽的礼服以及中国人的价值观和注重礼仪的生活态度都是相衬相映的。然而对于欧洲人来说,他们不仅从未有过这样一种生活态度,而且对他们自己国家的繁文缛节都已经失去了曾经仅有的一点热爱。因此在他们看来,三跪九叩无异于杂技表演,令人惊讶之余,更多的是无比尴尬。他们穿的衣服过于紧身,无论如何也做不出幅度如此之大

第五章 阿美士德使团

的动作，而且这么大幅度很有可能使他们的衣服发生让人难堪的意外。这让他们在潜意识里对叩头之礼产生了强烈的反感。对于这种反感，中国人是很难理解的。因为在他们看来，与叩头相比，英国人握手和吻手的行礼方式更令人感到不适。阿美士德使团坚持他们只能行单膝下跪之礼和俯首之礼，他们的这种态度让这次出使活动陷入了一种危险境地。

法国大革命不仅撼动了整个欧洲大陆的封建秩序，法国人所宣扬的自由、平等、博爱的三大"乌托邦"也涤荡了所有欧洲人的头脑。当一个亚洲人提出三跪九叩的要求，无论他自认为是多么至高无上的真龙天子和九五之尊，对于欧洲人来说，显然都是无法接受的。而且，此时的欧洲人正站在全球扩张和新的技术发明大量涌现的时代门槛上，正悄悄地将亚洲人排除在他们平等和博爱的"公式"之外，并已经开始秘密策划如何尽快地将亚洲人的"自由"也剥夺走。结果，中英双方各执一词，都在指责对方的傲慢与无知。中国方面所持的理由是他们根本没有丝毫想与欧洲人交往的愿望，并且非常明确地表示不想与之打交道。此外，他们有权要求这些不远万里来寻求他们帮助的欧洲人能够稍微费点心去了解一下中国人最基本的

风俗和礼仪。

早在17世纪,沙皇俄国由于国力增长和向东扩张的野心,曾多次入侵中国的黑龙江流域,导致中俄双方在边境地区发生过两次战争,最终清军取得了胜利。俄国意欲与中国进行和平谈判。1805年,沙皇派遣戈洛夫金伯爵出使中国。然而这位俄国伯爵连长城都还没到就被赶了回去。因为在嘉庆派去边境迎接他的官员面前,他公开表示绝不会向中国皇帝行三跪九叩之礼,因为他对自己国家的沙皇都没有行过这样的大礼。迎接他的清朝官员虽竭尽全力劝说,但仍然无法改变他的顽固态度,只能请他们就此止步。尽管这次出使失败了,但戈洛夫金伯爵还是心平气和地返回了俄国。

1816年8月,在这个闷热的季节里,关于三跪九叩的问题又再次出现了。关心这个问题的人心里都在暗暗猜想:如果这位英国勋爵表现得和十多年前的那位俄国伯爵一样顽固,皇帝会以同样的方式对待他们吗?有两个因素可能会避免这种结果的发生:其一是二十三年前乾隆帝开创的先例,他曾经盛情友好地接待了马戛尔尼伯爵;其二是清政府如果赶走英国使团,实力雄厚的东印度公司可能会感到不悦,进而放弃中国,转寻其他的贸易市场。而京

第五章　阿美士德使团

城和广州的许多高级官员都从中英贸易中获利，这恰恰是他们最不愿意放弃的利益。

这一次，到天津迎接阿美士德使团的钦差大臣同样竭尽全力地劝说他们遵从中国的礼仪，向嘉庆皇帝行三跪九叩之礼。阿美士德一方则同样固执己见，也想尽力说服钦差大臣认可他们提出的行礼方法，坚持认为他们的提议也是完全恰当的，是效仿前任大使马戛尔尼的。随后，争论的重点便转移到马戛尔尼觐见乾隆帝时所行叩头之礼的具体细节上。钦差大臣坚称马戛尔尼伯爵当年对乾隆帝行了叩头礼。作为一个有智慧的人，马戛尔尼伯爵当时很有可能巧妙地设计了行礼的方式，以尽量减少深鞠躬和完全跪倒之间的差异；而同样智慧的乾隆，也很可能睁一只眼闭一只眼，没有过多计较，并且非常慷慨地款待了英国使团。然而现在阿美士德要觐见的皇帝是嘉庆，而且并不是所有的全权公使都拥有和马戛尔尼一样的外交智慧，都能像他一样温文尔雅。面对一种微妙而困难的局面，如果让机智灵活的人来处理，可能会不动声色地将局面扭转；但如果让愚笨死板之人来处理，则可能会使局面变得更加混乱，更加无法掌控。这一次，小斯当东所奉行的强硬政策没有奏效。嘉庆坚持要求他们行叩头礼，而且是不折不扣

的磕头。

为了提前试探一下阿美士德使团，钦差大臣命人在宴会大厅的屏风前放了一张铺着黄色丝绸的桌子，上面摆放一只香炉，香炉里燃着香，看起来好像一个神台。在中国，人们相信只要足够虔诚，通过这样的神台就可以与神灵或者天子进行沟通。钦差大臣要求在场的英国使臣向"神台"行三跪九叩之礼。但无论怎样劝说，阿美士德还是态度坚决，不肯行礼。时间一分一秒地过去，眼看天色已晚，晚宴也早已准备完毕：<u>鲨鱼翅</u>、燕窝汤、红袍大虾……珍馐美味、琳琅满目，而如此丰盛的晚宴却迟迟无法开始，这实在是一件糟糕的事情。最终，双方达成了妥协：中国官员面向"神台"行三跪九叩之礼，如同跪拜的是端坐在龙椅上的皇帝。与此同时，英国使臣则向"神台"鞠躬9次。

那一定是一幅十分怪异的画面：在闷热的八月里，8位汗流浃背的中国官员身着宽松的蓝缎官袍，毕恭毕敬地面向一张铺着黄色丝绸的桌子下跪、叩首、起身，再下跪、再叩首、再起身……而5位大汗淋漓的英国使臣则身着紧身礼服，笔直地站在旁边，同时向"神台"行相同次数的鞠躬礼。他们在鞠躬时努力让自己不发出任何声响，

第五章 阿美士德使团

以维护"英国雄狮"的尊严。这头貌似友善的动物也许早已在暗中谋划着:到底还要多久才能把中国这条巨龙变成自己的盘中之餐,这样的大餐应该从哪个部位开始下嘴最为合适。谢恩仪式结束之后,英国使臣终于可以入席享受山珍海味了。他们胃口大开,吃得津津有味。佳肴美酒带来了欢乐的气氛,在这种气氛下,法国大革命所标榜的"自由、平等、博爱"三大"谬论"变成了令人愉快的现实,尽管东道主是亚洲人,尽管这种现实转瞬即逝。

回想起此事,嘉庆坚称曾经下旨,如果英吉利贡使拒绝在那个"神台"前练习磕头,应该立即向他禀报,并且留在原地待命候旨。嘉庆的记忆应该是一厢情愿,他当时一定给了负责接待阿美士德使团的钦差大臣更大的自主权,否则他们绝不敢冒险让英国使团翌日凌晨就乘船离开天津,继续逆流而上直奔京城。

然而,仅仅过了一天,丰盛的晚宴就已经被消化殆尽。一个新的问题又出现了,中英双方刚刚建立起来的尚不稳定的友好关系又变得岌岌可危起来。阿美士德使团带来的英国船只消失了,离开了,竟然连一声招呼都不打就离开了!嘉庆原本以为英国使团还会乘坐自己的船只回去,这样他就不用承担使团返回广州时的全部费用了。眼

看着这么好的如意算盘落空,嘉庆怎么能不怒发冲冠!他知道如何斥责,更知道如何惩罚,如何削减富有的官员的特权和俸禄。负责接待英国使团的中国官员怒气冲冲地找到了使团首席翻译马礼逊,指责他没有向阿美士德勋爵准确转达他们的意思,没有向他强调让英国船只停留在港口有多么重要。马礼逊也许对于逆来顺受太过敏感,他非常生气,大声宣布再也不会在他们之间做翻译了。阿美士德勋爵不得不亲自出面安抚双方的愤怒情绪,缓和双方的紧张关系。

还有一点让嘉庆感到烦恼,那就是英国使团的规模。朝廷每天将要供养75个英国使臣,而且这75个人每顿饭都将会吃掉数量惊人的食物,喝掉数量惊人的葡萄酒。马戛尔尼使团出使中国时,一个名叫杰瑞米·里德的随从就曾经在一顿早餐中吞下40个苹果之后暴毙。这个随从的"壮举"已经成为英国蛮夷暴饮暴食的生动案例,还一度成为皇宫中的太监们茶余饭后津津乐道的话题。75个人实在是太多了!50个人就已经足够了!经过仔细计算之后,嘉庆提起了一只玉柄毛笔,为了避免浪费,他小心翼翼地蘸了一点儿朱砂墨,写了一道圣旨给接待使团的钦差大臣:"英吉利贡使不必全部来京觐见,让他们的

第五章　阿美士德使团

乐队回到他们的船上等候大使即可。"然而，英国使团带来的船只已经离开了！接到圣旨后，钦差大臣十分沮丧，命令船队立即停止前行，原路返回，幸好只航行了1英里（1609.3米）。

第二天，一道新的圣旨从京城传来，这次的内容发生了对英国使团有利的变化。于是，500名纤夫再一次弯下腰，喊起整齐的号子，拖着数只载有不同寻常的"货物"——英国使臣——的驳船继续逆流而上。他们一路上有好几次挺直了脊背，松开了绳子，吵嚷着要求给他们付报酬——每天150个铜钱（大约相当于1先令，先令为英国旧辅币单位），考虑到当时低廉的食品价格，这个收入已经不错了。马戛尔尼伯爵在1793年率领使团出使中国时没有发生过这样的事情。当时马戛尔尼还对中国官员执行命令的速度之快、效率之高感到十分惊讶，留下了深刻的印象。

奇怪的是，这一次阿美士德使团的副使埃利斯似乎很同情那些罢工的纤夫，尽管他无法确定他们抱怨和感到不满的事情是真是假。或许，罢工只是被看作对权威的质疑，以及对单调的工作与日俱增的厌烦和不满，而煽动罢工之人正是利用了底层劳动者的这种不满情绪，进而毒害

了他们的思想。无论如何，罢工总是会平息下来。船只继续平稳缓慢地向前驶去。两岸的小村庄景色迷人，绿树成荫，瓜果飘香。对于英国使臣来说，如果中国的船夫不是每天都吃那些气味难闻的腌鱼，那么这应该算得上是一段相当愉快的旅程了。虽然那些鱼肉已经用盐腌过，但是要么是腌制得不及时，要么是盐放得不够多，总之，它们散发出的气味始终让船上弥漫着"一股可怕的恶臭"，况且船上本来人就很多，拥挤的空间加上难闻的气味更加让人难以忍受。埃利斯将这种气味形容成"破旧肮脏的毯子上堆满了腐烂的大蒜"的味道。

六天之后，使团乘坐的驳船终于在下午五点左右抵达了京师东面的重要门户——通州，这是一个漕运重镇，里面耸立着一座庄严雄伟的宝塔。一支由八旗兵组成的仪仗队已经在岸边排列整齐，他们奏起乐曲，鸣放礼炮，迎接远方的客人，却被不懂欣赏的埃利斯描述为"他们的乐器发出令人讨厌的噪音"。身着异国服饰的欧洲人出现在这里实属罕见，一些有商业头脑的人早已在岸边为前来围观的百姓搭建了一座看台。为了一睹这些白皮肤、红头发的外国人样貌，当地的百姓把看台挤得满满当当。"洋鬼子"这个称呼当时还只是在广州流传，因此并没有出现在通州

第五章 阿美士德使团

百姓的口中。

嘉庆派出两位新的钦差大臣赶赴通州,接管了英国使团的接待工作。这两位官员的级别比之前的钦差大臣更高。如果由他们劝说阿美士德向嘉庆行三跪九叩之礼,也许会取得更好的效果。其中比较年长的钦差大臣是礼部尚书、总管内务府大臣穆克登额。礼部是主管礼仪、约束行为规范的机构,因此,由礼部尚书亲自上阵劝说那些固执的英国使臣理解中国古老礼仪的神圣性,真的是再合适不过了。另外一位年纪较轻的是理藩院尚书和世泰公爵,他深受嘉庆的宠爱,在与英国使臣谈判的过程中始终处于主导地位。和世泰发现这些英国人确实十分顽固,很难相处。有一次,埃利斯注意到"和世泰被气得嘴唇在不停地颤抖"。

在距离码头约100米的地方,一处衙署建筑已经专门为阿美士德使团腾了出来,作为他们的住宿之地。一座色彩艳丽的鲜花拱门也被搭建起来,欢迎使团的到来。但是由于嘉庆预算的接待人数是50个,而不是75个(使团的乐队并没有留在天津等候),所以这里就显得有些拥挤了,否则英国使团肯定会住得相当舒服。然而,真正的不舒服却是精神上的。一个星期以来,这位英国雄狮的高贵代表

一直在疲于应对两位新钦差大臣如潮水般的争论、恳求甚至是威胁。他们一直都在试图改变阿美士德坚持单膝下跪的决心。尽管阿美士德表示愿意深深地低下头,但还是坚持让头与地面保持几英寸①的距离。至于三跪九叩,这绝不可能!阿美士德说:"用头触地是你们自己的责任,也是你们自己的爱好。"他不停地摇晃着黄褐色的头发,反复强调一个词:"决不"!

此时此刻,和世泰也无话可说。即便有,恐怕也只剩下不太好听的话。他的这次任务实在太不讨喜了。他必须在两个同样难以说服的人之间的你争我夺中艰难斡旋,一方是固执易怒的大清皇帝,另一方是同样固执、捉摸不定而又不可理喻的英国勋爵。阿美士德坚持称马戛尔尼伯爵当年觐见乾隆帝时行的就是英国的单膝下跪礼。对此,嘉庆则反驳称,他清楚地记得自己当年亲眼看到马戛尔尼向他的父亲磕头。其实在朝廷大臣的心里,这件事已经确定无疑了,自然没有人敢质疑当今圣上的眼睛。和世泰最后拍板定论:"普天之下只有一位伟大的统治者,所有人都应该向他臣服。"和世泰实在弄不明白,这样一个天经地义

---

① 1英寸=2.54厘米。

第五章 阿美士德使团

的道理有什么可争议的,有什么可大惊小怪的,他更不明白英国人这样小题大做的意义究竟何在。

时间一天天地过去了,嘉庆给出了一个明确的期限。如果英吉利贡使听从劝告,愿意行三跪九叩之礼,就将他们送至圆明园附近的海淀。依照1793年乾隆帝接见马戛尔尼的先例,嘉庆将于8月29日在圆明园接见阿美士德。现在已经是8月26日的晚上了,劝说还没有取得任何进展。而从通州到海淀的距离可不近。绝望之余,在8月27日早晨,和世泰命令全体人员准备启程赶往海淀,他和礼部尚书则快马加鞭先行一步。8月28日,嘉庆召他们二人到绿树成荫的圆明园的勤政殿觐见。无奈之下,和世泰和礼部尚书只能谎称英吉利贡使正在尽力练习叩头,已经大有长进,虽然起跪仍不自然,但是尚堪成礼。他们的心中十分不安,因为事实上英国使臣根本没有演习过磕头。不过他们可以保证,英国使臣在第二天早朝觐见嘉庆时,不会出现任何违反礼仪的行为。

与此同时,在通州,很多官员、船夫和搬运工都在辛苦地忙碌着。在他们汗流浃背的努力下,终于设法让75个英国人和他们的众多行李全部踏上了行程。不幸的是,尽管他们已经用尽了全力,但是出发的时间还是比和世泰

规定的时间晚了好几个小时。显然，和世泰原本的计划是让使团早上提前出发，预留出足够的时间，以确保能在当天下午早些时候到达圆明园附近专门为他们准备的住处。这是出于一番好意，这样英国使团在当天晚上就能有充足的时间整理行李，得到充分的休息，并且在第二天清晨六点半的早朝之前能够梳洗整齐，做好一切准备。

当年，马戛尔尼伯爵觐见乾隆帝时就早早出发，他对出发时间没有提出过任何异议，并于前一天下午三点钟就到达了圆明园外。但是阿美士德为了维护自己的尊严，不喜欢被别人催促。为了确保他在正式出场时能够引人注目，让人印象深刻，他逐一仔细检查他们带来的每一把剑、每一面鼓和每一件衣服，确保这些物品全都被安全放在人力手推车上。这种独轮车是专门为运送英国使团的行李而准备的，已经排成了长长的一排。中国人对"行李数量之多感到非常惊讶"，可能也感到很恼火，因为这么多东西使尽快出发的命令更加难以实现。然而副使埃利斯却不慌不忙，不紧不慢，平静地称赞这是"完美文明"的象征。

8月28日下午五点，比和世泰预计到达海淀的时间还晚了整整两个小时，阿美士德在最后一遍确认领带已经

第五章　阿美士德使团

打好、文件已经装好之后，终于肯钻进他自己的双轮轻便马车出发了。这是一辆英国式马车，但现在由 4 匹蒙古矮种马拉着。这 4 匹矮种马可能感到十分奇怪：为什么用同样的力气拉车，今天的感觉却如此轻松？阿美士德随行带着这辆马车，因为它看起来非常不错，顺便还可以为朗埃克驿车工业做一个有价值的广告。当马车驶过京城东郊的时候，夜幕已经降临，但是当时道路两旁的店铺是灯火通明的，这些"西方游客""被华丽的镀金木雕装饰弄得眼花缭乱"。路上的人群"数量庞大却井然有序"，他们每人提着一盏纸灯笼来照亮前行的道路。

午夜时分，北京的城门和城墙若隐若现地出现在阿美士德使团的面前。他们终于到达了马戛尔尼使团曾经顺利进入的这个神秘之都的大门前。阿美士德也希望能够顺利进入，却发现城门紧闭，并没有专门为他们敞开，他感到"非常失望"。他们沿着漆黑的城墙来到了另一座城门前，发现同样是紧闭的。然后仍然是一段段漆黑肃穆、令人生畏、神秘莫测的城墙，天上的星辰也爱莫能助。这就是阿美士德使团对北京城的全部印象，几代欧洲人亦是如此。在这一段黑暗的旅程里，凸显的只有无尽的漆黑的城墙和紧闭的厚重的城门。这似乎也象征着近百年来西方与东方

之间的关系，当最终找到入口之时，一切为时已晚。误解已经固化为一种相互蔑视和仇视的习惯。欧洲人不懂欣赏灿烂的东方文明，因为东方美的标准既不是希腊式的也不是罗马式的。而东方人则认为，西方人的道德模式是君子即可达到的标准，而并非只有圣人才能达到。

8月29日黎明时分，英国使团的主要成员才到达了在海淀早已为他们准备好的下榻之处。这是一幢华丽气派的豪宅。宅子的主人姓孙，早年曾经招待过马戛尔尼伯爵，因照顾周到，马戛尔尼和他成了真正的朋友。马戛尔尼曾在日记中将他描述为一位完美的绅士，拥有自由和高尚的思想。马戛尔尼当年访华时，身着缀有柔软蕾丝褶皱的优雅服装，展现出爱尔兰人的友好举止，他不仅十分善于与中国官员建立友好的关系，而且还善于发现和欣赏他们的优点。然而阿美士德却多疑拘谨，经常为那条让他极不舒适的僵硬褶皱的领带而苦恼不已。在那个清晨，这种僵硬的感觉已经从领带蔓延到了他的四肢。毫无疑问，无休止的赶路已经让他疲惫不堪，他感到四肢无力、手脚麻木，还有他那脆弱的器官——肝脏，也一定受到了剧烈的颠簸。他无比渴望在这座专门为他准备的宅邸里安静地休息一下。然而马车却并没有在那里停下，而是继续直奔圆

第五章　阿美士德使团

明园而去。这预示着什么呢？

不久之后，阿美士德和他年幼的儿子、2名副使、翻译马礼逊以及5名随从被带到了一个被埃利斯称为"非常破旧的房间"里。这里应该是一个前厅，被召觐见的人要提前来此等候。直接入朝觐见是和世泰为阿美士德准备的一个惊喜。但是，怎么能在这个时候觐见！阿美士德惊呆了。此刻，他的大脑一片空白，无法思考。他坐下来试图让自己恢复清醒和冷静，但不幸的是他根本无法做到。于是，阿美士德想出了一个权宜之计，他提出自己身着旅途中的便装出现在嘉庆皇帝面前实在不合礼仪，而载有他正式礼服的马车还未到达。此外，他还提出此刻突然感觉身体非常不适，无法入殿觐见，谦卑地请求谅解。就在此时，这个"破旧的前厅"里突然乱作一团，这让阿美士德更加紧张不安。原来英吉利贡使到来的消息很快传到了王公大臣的耳朵里，他们像那些挤上看台凑热闹的通州老百姓一样好奇，争先恐后地赶过来，迫切想一睹英国使臣的尊容。

然而，这一次没有了看台，也没有其他可以控制人流、维持秩序的办法能让这些前来看热闹的王公大臣保持一个让英国使臣感到舒服的距离。结果，为了尽可能凑近

一点观察这些奇怪的西方人，王公大臣们都在互相争抢最好的位置。阿美士德本来就已经疲惫不堪，全身骨头都疼了，现在又被一大群陌生脸孔包围，更加晕头转向。如果是马戛尔尼伯爵面对这样尴尬的处境，他一定会利用自己的优势，开几句幽默诙谐的玩笑，用笑声扭转这种不利的局面。然而，此时的阿美士德却一点儿也不想笑，面对一大堆陌生人围着自己看来看去，他更想哭或者诅咒。阿美士德总是喜欢犯这样极其愚蠢的错误：在本该微笑的时候皱起眉头，在本该让步的地方极力反抗。此时此刻他唯一的想法就是必须维护自己的尊严。

在这个 8 月的清晨，本来会发生一桩对中英双方都具有历史性意义的大事，但却因为种种原因受到了破坏。如果说阿美士德因为被带到圆明园之前已经疲惫不堪，却没能得到休息而感到失望，那么嘉庆也同样逃脱不掉这种坏心情。宫殿里的诸多钟表全部指向了五点三十分，嘉庆已经做好了上早朝之前的一切准备。而可怜的和世泰公爵此时刚刚被告知阿美士德勋爵拒绝入殿觐见。他立刻感到千斤压顶，几乎晕倒在地，整个人都快崩溃了。这真是不可思议、不可原谅的无礼行为！他怎么敢让嘉庆知道，一个小小的外国使节竟然敢违抗他的旨意呢？情况变得越来越

第五章 阿美士德使团

复杂,到了这一步,和世泰只能冒险用谎言先搪塞过去。于是他向嘉庆禀告称,英吉利贡使一行因事耽搁,故不能按时到达。这种理由嘉庆当然是可以理解的,因为这意味着使团是在从海淀的住处前往圆明园的路上因事耽误了时间。几天之后,嘉庆才得知,原来是使团从通州出发的时间太迟了!

于是,嘉庆愤怒地拿起他的玉柄毛笔,回忆了整个事件的经过,写下了那个不幸的早晨发生的事情:"和世泰第一次禀告称英吉利贡使在路上延误了时间。英吉利贡使到宫门口后,他第二次禀告称正使因胃部不适,疼痛难忍,恳请稍作休息。随后,又第三次禀告称正使病情加重,已经无法入殿觐见。于是,朕立即命人将其送回住处,并派遣一名御医为他诊治。当朕传两位副使觐见时,和世泰又第四次禀告称两位副使也抱恙在身,一切必须推迟,直至他们的身体康复后,正使和两位副使才能一起觐见。"

根据副使埃利斯的说法,不论是他还是小斯当东,都没有生病,也没有以生病为由拒绝觐见嘉庆。他们的病是和世泰凭空捏造的,就像阿美士德编造了他自己的病情一样。埃利斯还说,当时有人提议将阿美士德送到和世泰公爵的府上,因为那里更凉爽、更方便,也更安全,还可以

随时将他的情况禀报给皇帝。但是阿美士德已经下定决心，他只同意被送回自己的住处，坚决拒绝被带到其他任何地方。

面对当时的情形，和世泰只能亲自前来，想通过劝说让这个顽固的英国人明白遵从皇帝命令的道理和必要性。然而他所做的一切都是枉费心机，徒劳无用，得到的回复只有拒绝。无奈之下，和世泰伸手抓住了这位英国全权大使的胳膊，在另一位官员的帮助下，试图亲自将他带出房间。阿美士德最在意的人格尊严受到了伤害，他愤怒地大叫了一声，用力从两位大臣的手中挣脱出来，并且大声斥责他们让他暴露在那些"好奇之人的不雅围观"之下。阿美士德强烈要求和世泰向嘉庆禀告他已疲惫不堪，病情严重，请嘉庆收回召他们立即觐见的旨意。阿美士德这样大发雷霆是极其不明智的，因为他引起了众怒。这些围观他的人可不是一群普通的老百姓，其中有皇子、亲王和有影响力的朝廷重臣，他们的好奇竟然被阿美士德斥为"不雅"。面对眼前这种无法控制的局面，和世泰心如死灰，完全放弃了进一步从中调和的努力。于是，他最后一次向嘉庆禀报称，两位副使也和正使一样病倒了，他们当天都无法觐见。这样一来，阿美士德使团的命

第五章　阿美士德使团

运就已经被注定了。

嘉庆一直期待着此次会面，并且在当天早上已经做好了接见英吉利贡使的准备。听到和世泰的禀报，他失望至极。而此时的失望情绪也让他变成了一个愤怒的皇帝。他怒不可遏地说道："中国是天下共主，对如此无以复加的傲慢无礼，岂有甘心忍受之理？"至于嘉庆是当时就立即下旨遣返英国使团，还是等御医禀报诊断结果并与大臣商议之后才做的决定，史书中没有明确记载。总之，直到大约两个半小时之后，阿美士德才得知他的固执己见所带来的严重后果。他当然没有想到会是这个结果。然而，当他再一次跨进马车时，心里却感到很舒服，无论怎样，他总算保住了自己的尊严。

和世泰负责护送他们，他扬着一根长长的马鞭左右抽打，驱散人群，为使团开道。蒙古矮种马拉着英国四轮马车快速回到了海淀的那座美丽的乡村宅邸。那里有花草和树木，有庭院和假山，有雕刻精美的古典家具，有华丽的锦缎靠垫，还有从纸窗透进房间的柔和阳光。在经历了那场被众人围观的噩梦之后，回到这么安静又惬意的地方休息是多么舒服啊！在这里住上几天肯定会让人心情愉悦！阿美士德和他的副使、随从都坐了下来，舒服地打着哈

欠，伸着懒腰，开始享用皇家款待的丰盛早餐。舒适的环境和美味的餐食让阿美士德把装病的事情忘得一干二净。直到宫廷御医的到来，他才想起了这件事。当然，再怎么表演也不可能把装病的事实掩盖住。御医为他诊断后，发现他居然已经康复了，而且康复得如此之快，似乎根本就没得过病，也不需要什么治疗。于是御医向阿美士德鞠了一躬，便急忙回宫，向嘉庆禀报去了。御医的诊断结果居然证实了从那些惯于搬弄是非、唯恐天下不乱的太监口中传出来的流言。

嘉庆明白了，生病只是一个幌子，一个借口，一个谎言，甚至是一个毫无水准的谎言。英国进贡使臣把他当成了一个傻瓜，甚至都不屑于认真编一个更好的谎言，连朝臣们老练的眼睛也没有看出他的欺骗行径！嘉庆的自尊心被深深刺痛了。从阿美士德在天津第一次拒绝行叩头礼开始，不满的情绪就在嘉庆的心里逐渐堆积起来，而此时他的心中就像乌云密布、电闪雷鸣一样，眼见一场狂风暴雨即将来临。嘉庆下了逐客令，命令阿美士德使团离开中国这片神圣的土地，而且是马上离开。

六天之后，在进一步了解了事情的原委之后，也许是出于一丝悔意，嘉庆颁布了一道诏书，指责和世泰和朝

第五章 阿美士德使团

中其他大臣没有向他如实禀报英吉利贡使的实际困难——载有大使礼服的马车还没到,通宵赶路让他们疲惫不堪。"当时王公大臣都在朝房中等候,他们当中很多人都亲眼看见了整个事情的经过。他们心里应该很清楚自己有责任向朕如实奏明此事,并请求朕更改英吉利贡使觐见的时间。然而他们却无动于衷,任由事情向越来越坏的方向发展。和世泰当时显然已经惊慌失措,所以才犯下了错,可是当时却没有一个人站出来纠正他。在此事过去之后,一些了解事实真相的大臣才在早朝上揭露了和世泰的错误——优柔寡断和隐瞒事实,但当时为什么没有一个人能代替他向朕禀明真相呢?或者,如果你们不敢这么做,为什么不能至少做到提醒他、敦促他向朕据实禀报呢?这样看来,你们还真的能一直保持无动于衷啊!在发生这样的重大情况之时,你们居然还能坐视不理,任由事态进一步恶化!难道面临危险或困难时,你们都是这样事不关己地袖手旁观吗?和世泰所犯的过错本身是一件小事,而朝廷官员面对困境竟没有一人能挺身而出,为国效力,这才是大事。从今日起,你们必须摒弃一切私心杂念,不管哪里再有类似的事情发生,任何人都不可再辩解说与己无关。你们都要深刻反省,时刻警醒,按照朕的屡次训谕规范自

己的行为"。嘉庆当然颁发过很多训谕,甚至还把训谕的写作发展成为一种艺术,可以说是一种狂热。这也是他的一个执政理念。

四位负责接待阿美士德使团的主要官员受到的惩罚可不只是训诫,其中两位被革职,两位被降职。当嘉庆将和世泰所犯的过错描述为一件小事时,他是认真的。嘉庆大大减轻了对主要责任人——他最宠爱的和世泰公爵的处罚,尽管和世泰因为此事损失了一大笔公爵俸禄,但是没有失去他在核心决策层的地位。仅仅四年之后,在嘉庆病危之时,被召到龙床前公启鐍匣、宣布立储密旨的重臣之中就有和世泰。

1816年8月,嘉庆依然安康。当倒霉的英国使臣听到禁止将他们的行李从车上卸下来的消息时,第一次察觉到了危险的信号。紧接着,"即日遣回"的圣旨传来,犹如晴天霹雳,当头一击。就在当天,立即离开!他们甚至还没来得及休息一个晚上,他们浑身的骨头还没来得及忘记刚刚结束的长途颠簸之痛,就要再次启程返回通州。阿美士德提出他们实在太疲惫了,但只是被一笑置之。这是皇帝的圣旨,这次绝对不能再违抗了。

下午四点钟,这位英国全权大使的领带让他感到更不

第五章 阿美士德使团

舒服了，他痛苦地意识到自己已经把事情彻底搞砸了。阿美士德坐上了轿子（马车是为真正生病的人准备的）。轿夫们抬着轿子一路向东，他们经过了荷花盛开的池塘、斑驳的城墙和高大的城门，门楼顶部的琉璃瓦在夕阳下闪烁着耀眼的光芒。夜幕开始降临了。当他们穿过东郊时，外面漆黑一片，大雨如注，道路泥泞。他们被淋得浑身湿漉漉的，仿佛老天也在和他们作对。埃利斯把他的轿子让给了一个体弱多病的人，他自己坐上了一辆马车。这是当地的一种没有任何减震装置的交通工具，应该只是为了那些穿宽松的或有衬垫的衣服，并且习惯于盘腿而坐的人而设计的。

埃利斯无法再继续忍受这种剧烈的颠簸了，他将当时的感受描述为"身体的每一个部分都像错位了一样"。于是他试着下车自己走路，但是路上漆黑一片，下着大雨，路面又坑洼不平，再加上害怕在黑夜里与同伴走散，埃利斯不得不再次回到那辆让他备受折磨的马车上，继续忍受着颠簸之苦。更令埃利斯感到不舒服的是，人群并没有被大雨驱散，仍然聚集在他们周围，毫不客气地将纸灯笼伸进他们的马车和轿子里，瞪大眼睛上下打量他们。这无疑更让饱受颠簸之苦的英国使臣雪上加霜。对于埃利斯来

说,"即使是脾气最好的人也无法忍受了",这几乎使他陷入"精神错乱"的状态。

终于,在经历十一个小时的极度痛苦之后,他们在凌晨三点回到了潮湿而沉闷的通州,被直接带到了中国帆船上。原先在岸上专门为他们准备的住所已经关闭,鲜花拱门也已经拆除,也许是为了防止上面娇艳的花朵被雨水打坏。当初搭建这个鲜花拱门是为了对阿美士德使团表示欢迎,然而皇帝的心意却被他们辜负了。阿美士德使团在通州停留了三天,等待搬运工将他们大量的行李和没有送出去的礼物再次装上船。

中国自古以来就被誉为礼仪之邦。为了不违反迎送外国使臣的基本礼仪,一些大臣从圆明园赶了过来,带着嘉庆赠予英国国王的礼物,包括翡翠朝珠1盘、红色珍珠垂饰1副、大刺绣荷包2对、小刺绣荷包4对、白玉如意1柄。其中最贵重的要数这柄白玉如意了,这也许就是嘉庆在每年生日时收到的众多如意中的一柄,而他对这种礼物已经十分厌倦了。埃利斯表示,嘉庆赠送的这些礼物在工艺上不及乾隆帝送给马戛尔尼伯爵的那些礼物。的确,乾隆时期的玉器、瓷器以及其他众多艺术品的琢工之精、设计之妙、造型之奇、用途之广均是前所未有的,也为历代

第五章 阿美士德使团

所不及。

嘉庆对于这件事也逐渐释怀了,他在一封诏书中写道:"英吉利贡使带着极大的喜悦和感激之情接受了朕赐予的礼物,并表达了他们的懊悔和敬畏之情。"往而不来,非礼也;来而不往,亦非礼也,"为了体现多施少收的思想",嘉庆表示愿意着加恩赏,接受了"阿美士德带来的贡品当中最微不足道的一部分,即4张地图、2幅肖像画和95幅山水画"。嘉庆确实收得很少,但是他给予得也不多,因为对他来说,给予太多会是非常痛苦的。他早已不再遵循为所有离华的外国使节赠送丝绸绢帛、陶瓷花瓶、大漆器盒和上等茶叶的惯例了。当年马戛尔尼使团离京时,乾隆帝就曾经慷慨地给了使团每人这些丰厚的赏赐。尽管嘉庆偏爱节俭,但他还是发布了一项严格的命令:英吉利贡使虽然被遣返,但仍应礼貌待之,将其安全送至广州。到达广州之后,他们将换乘自己的船只返回英国。

这是一段漫长的旅程。阿美士德使团自9月2日从通州启程,次年元月1日才到达广州,整整持续了四个月。除了在梅岭骑马坐轿走了两天平坦的陆路之外,其余走的全部都是水路。他们沿京杭大运河一路南下,经过了六个

省份，沿途都受到了礼待。这一路上，阿美士德使团收集了大量关于中国的情报信息，包括地理、水文、气象，沿海和内陆的岸防、清军的布局和实力、地区资源以及民俗风情等。然而清政府也有防备，不能让英国使臣看到太多的东西。因此，英国使团途经的各省官员都收到命令：要采取措施确保英国人看到尽可能少的东西，最好只让他们看到大清帝国强大的军事力量和国防力量。

两江总督接到的第一个命令是无论如何都不能让使团成员登陆上岸。紧接着他又接到了第二个命令："让所有士兵把铠甲都擦得干干净净、熠熠生辉，把所有武器都排列得整整齐齐、威风凛凛，以达到威慑效果。"尽管有这道命令，埃利斯还是注意到了那些保养不善的火绳枪和一些"看起来不像武器而更像玩具的军事装备"。大清的炮兵也给埃利斯留下了"非常胆小"的印象。他们一点燃引线后，就马上向后退，在不远处背对着火炮蹲在地上，毫无令人生畏的气势。只有广东的军队浩浩荡荡，整齐规范，英姿飒爽，给使团留下了良好的印象。同样在广东，"几艘建造精良的护卫艇，由16~18名士兵驾驶，速度还算比较快，几乎和军用船只一样"。这个"几乎"一词也解释了二十三年后英国对中国发动侵略战争

第五章 阿美士德使团

时的轻松心情。

与此同时,清政府还下达命令,"沿途各省的布政使、按察使、陆路提督和水师提督要到本省边界接待、护送、监视和约束英吉利贡使"。因此,阿美士德使团每次靠岸或者更换船只时,都会有一大批衙役在场,他们穿着统一的服装,上衣胸前都有个大白圆圈,里面的大字代表着他们的身份。他们要协助军队阻止好奇的百姓前来围观,避免造成拥挤和喧闹,同时他们还必须特别小心,以防止英国使团丢失任何东西。岸边的百姓被禁止与英国使臣说笑,而女子们被禁止抛头露面。根据清朝的律法,外国使节不得购买书籍或其他物品。在这种情况下,阿美士德使团中的任何成员都不能在途经之地登陆上岸,也不能在私下里购买任何东西。如果有船夫敢违反禁令,私自为使团购买食物或其他必需品,将会被立即扣押并受到严厉的处罚。除了朝廷下达的明确禁令,地方官员又专门做了补充:当载有英国使团的船只靠岸时,本地百姓禁止靠近围观,禁止与使团成员交谈,女人必须留在家中,禁止外出抛头露面。"对于胆敢违抗命令者,将立即逮捕并处以重罚!"结尾还特别强调了令人生畏的一个词:"绝不姑息。"

嘉庆密谕两广总督,要"礼数周全"设宴送别阿美士德使团,不仅要为他们准备美味可口的食物,还要与他们进行深入交谈,要告诉他们:"你们不够幸运,虽然已经到了皇宫门口,却未能面见圣上。不过大清皇帝考虑到贵国国王心怀诚意,因此接受了你们献上的部分贡品,并向贵国国王赠送了很多珍贵的礼物。你们应该对大清天子的隆恩心怀感激,并且尽快返回自己的国家,贵国国王也会对中国皇帝的仁慈而心存敬意。""如果英吉利贡使请求你接受其余的贡品,你只需回答一句:皇上已经下旨,你不敢违抗,也不敢再奏请皇上。只要坚定地拒绝他们即可。"

同年年底,嘉庆在给军机处的最后一份诏书中特别提到,他对英吉利贡使抵达广东感到满意。广东当地特别为他们饲养了奶牛和山羊,以供应使团所需的牛奶和羊奶。两广总督等人请求嘉庆颁发谕旨,宣明英国使臣的失礼之咎,让英国国王自行查办。嘉庆回绝了,因为他认为这些英国人"如此狡诈,无论怎样也无法阻止他们返回英国后隐瞒事实真相,向英国国王做出虚假陈述"。因此,更明智的做法是置之不论,赶紧让他们离开,就像什么都没发生过一样。嘉庆表示,只要两广总督在为英吉利贡使举行的欢送宴会上能够明确告知他们:如果他们未能达成此行

第五章　阿美士德使团

的目的，那是他们自身的过错所致；承蒙大清皇帝"宽宏大量，高远如天，深邃如地，才对他们不加谴罚，甚至还屈尊接受了他们带来的部分贡品，并颁赏数件珍品"，这就足够了。至于英国的船只，以后不必再像这次一样直接开往天津。万一他们还是执意前来，将船开到天津的话，则不可与他们进行任何贸易，以警示他们不要再在这种无用的航行上浪费时间。广州是唯一允许外国船只停靠卸货的港口，这一点必须要让他们清楚地知道。

颁布完这个禁令，嘉庆就将注意力转移到了其他事情上面。阿美士德使团事件和所有处理完毕的事情一样，被漫不经心地置之脑后了。但是后来嘉庆的继任者却不幸地发现，阿美士德使团事件非但没有结束，反而悄无声息地变成了一枚重磅炸弹。

然而，英吉利贡使从通州至广州的旅程并没有如嘉庆所期望的那样枯燥乏味。皇帝颁布诏书是一回事，执行者对诏书的阐释往往完全是另一回事。广惠对阿美士德使团访华失败负有重大责任。作为惩罚，他被革去了盐政之职，但仍然负责英国使团的一切事宜，护送使团从通州一路南下至广州。当然，广惠有自己的专用船只，随行人员和各种装备都很齐全。虽然他只是一个头戴水晶顶珠官帽

的五品官员，但这丝毫没有影响到他甚至凌驾于各省地位最高的总督之上的权力。尽管这些总督可能倾向于执行从字面上理解的皇帝的旨意，但是他们又不得不听从于钦差大臣对圣旨的阐释。广惠是满族人，有皇族血统，是乾隆帝培养出来的官员。他一直彬彬有礼，照顾周到，允许英国使团随心所欲地逛集市、参观寺庙、玩板球、外出散步，甚至游览风景如画的山峰。对于他们的抱怨，无论是合理的还是不合理的，广惠从来都不拒绝，也不纠正。

在阿美士德的眼里，没有一件事情能令他满意。他对任何事情都吹毛求疵，满腹牢骚。他抱怨有些地方官员在监督他们的行李从一只船转移到另一只船上时总是敷衍了事；他抱怨英国使团经过军事哨所时，士兵都没有向他们敬礼；他抱怨悬挂在他船上的旗帜没有彰显出他尊贵的身份；他甚至还抱怨他乘坐的船只看起来和他的随从的船只没有区别。直到旅程结束，他都一直在拿他坐的船和广惠坐的船做比较，并且恼火不已，因为这位钦差大臣坐的船是那样优雅，而他坐的船却是那么破旧不堪。其实阿美士德并不知道，广惠这一路上所乘的并不是官船，而是一位广州朋友借给他的私家船。阿美士德还抱怨旅途之中有一个休息之处不够让人满意，但乾隆末年荷兰使团访华时也

第五章　阿美士德使团

曾经在此处下榻；他还抱怨没有给他的随从供应充足的中国美酒，然而在旅途中至少有一名使团成员就是因为喝得酩酊大醉而不慎落水身亡；他还抱怨自己每日餐桌上的饭菜无论是质量还是数量都差强人意。如果用一个音乐词汇来形容，整个旅程可以被称作"阿美士德哀歌"，并且一定要在黄昏时分用断弦的曼陀林来演奏。

阿美士德有这么多的抱怨，难免会妨碍整个船队的行程。有一次，船队本应在日出时分出发，就因为他的抱怨，一直推迟到下午2点才启程。结果那些不幸的船夫们不得不在一个布满岩石和沙洲的河上辛苦劳作了一整夜。但是在阿美士德的观念中，出发时间应该由他那反复无常的自尊心来决定，而不是由实际路况或突发状况来决定。他已经因为在通州拖延出发时间而搞砸了整个出使任务，又怎么会介意在返程的时候再搞砸几艘破船的行程呢？

在广州，一座格局庄严、殿堂雄伟的寺庙已经被收拾得干净利落，只等待阿美士德使团的到来。这样的住处应该是无可挑剔了，但是阿美士德敏锐的鼻子立刻就嗅出了新的不满。钦差大臣居然没有出现在那里迎接他，两广总督也没有露面。他们只是派来了一个代表和一些品级不高的官员来迎接使团。受到如此冷淡的待遇，阿美士德心寒

刺骨，让他感觉到自己不过是一条蠕虫，不配在全权公使的道路上爬行。直到最后，阿美士德还在他那根一直紧绷的"尊严钢丝绳"上舞动不止。

两广总督也可以沉浸在这种"杂技表演"之中，并且还能够证明他比阿美士德更技高一筹。两广总督本打算在奉旨为英国使团举行的告别宴会上，对阿美士德进行一番说教。然而，这件事却传到了阿美士德的耳朵里。毫无疑问，这就相当于对一个受尽委屈、用4个月时间完善自己的"殉道者"的公开谴责！这是绝对不能容忍的！因此，阿美士德向两广总督手下的官员发出明显的暗示，让他们转达给总督：凡是有人在宴会上提到1816年8月29日清晨在圆明园发生的事情，都会被视为粗俗和不得体的，"任何冒犯性的言语都可能导致双方都不愉快的后果"。

在告别宴会开始之前，还要举行一个仪式，两广总督届时会将嘉庆写给英国国王的信件交给阿美士德。当讨论到仪式的细节时，阿美士德细心地发现，仪式上只给他和2名副使安排了座位，而另外6把椅子是留给6名中国官员的。这种数量上的明显不对等再次被阿美士德视为一种致命的侮辱。经过反复谈判，"公平原则"取得了胜利，3名中国官员和他们的椅子成了"牺牲品"。

第五章　阿美士德使团

仪式于1817年1月12日在寺庙的主殿举行。两广总督将信交到了阿美士德的手中，阿美士德深深鞠了一躬，接过了信。信被密封在一个细长的竹筒里，外面裹着黄色的丝绸。这封信是嘉庆写给英国国王的一道敕谕。嘉庆在信中表达了他初次听到英国国王将派遣贡使觐见的消息时的喜悦之情，并且描述了他原本制定好的接待日程安排，包括在正大光明殿召见英吉利贡使、设宴款待、到同乐园看戏、游览万寿山、回赠英国国王礼物、举行告别宴会等。对于1816年8月29日清晨在圆明园所发生的事件，嘉庆在信中只是轻描淡写，未做详细说明。但是，在信的结尾，嘉庆明确指出，对英国能倾心效顺甚为愉悦，但是鉴于中英两国相隔遥远，长途跋涉，往来不易，以后英国国王就不要再派遣使团前来朝贡了。他们只是在浪费时间，因为他们带来的那些做工精巧、奇形怪状的物品丝毫没有引起嘉庆的兴趣。这也是嘉庆王朝的传统：从不重视外来之物。

仪式结束之后，英国使臣与两广总督离开主殿，来到一间较小的房间里。在那里，两个世界上重要的国家对于彼此欣赏和相互尊重显然都缺乏诚意。两广总督直言不讳，甚至坦率到令人难以接受。他明确表示：中英两国之

间的贸易对于英国来说,是一件必需品;但是对于中国来说,只是一件奢侈品。阿美士德则一直宣扬互惠互利的原则,这是一种科学的、对等的理论,但在当时仿佛只是一个美丽的、无害的神话,注定要转变成剑拔弩张的对峙。

两广总督意识到双方观点大相径庭,于是将谈话转回到比较安全的话题上,只谈礼节和愿望,希望今后两国能够继续保持友好的关系。事实上,当时双方的友好关系甚至还没有建立起来。不久后,总督抬手示意客人起身去对面的房间,那里摆放着"水果和点心"等诱人的美食,让他们无法拒绝。这是嘉庆赐给他们的最后一餐。尽管总督的态度依然"冷漠、傲慢和充满敌意",但面对丰盛的美食,英国使臣还是吃得津津有味,十分享受。

1817年1月20日,在东印度公司所有船只的陪同下,阿美士德使团终于登上了英国皇家海军军舰阿尔切斯特号。当军舰驶离码头时,船上传出了3次热烈的欢呼声。根据埃利斯的描述,"这些欢呼声充满豪气与激情,极具男子气概,与他们要离开的国家里的那些不和谐的问候和荒谬的礼仪截然相反"。两广总督在下游处的一艘中国帆船上等候,他将自己的名片送给了即将离开的阿美士德。尽管他的同胞们的欢呼声中充满了"男子气概",但

第五章 阿美士德使团

阿美士德却把总督的名片当作一张废纸，更不愿再多看一眼它"冷漠、傲慢和充满敌意"的主人了。

然而，阿美士德使团的返程之旅却充满了波折。阿尔切斯特号首先在马尼拉湾不小心撞上暗礁，险些沉船，后来又在巴达维亚遭遇了海盗。4月12日，阿美士德使团终于离开了巴达维亚。5月27日，使团在南非的西蒙湾靠岸。6月27日，他们停靠在圣赫勒拿岛，并且在岛上停留了5天。他们还有幸拜访了在滑铁卢战败后被流放到这里的法兰西第一帝国的皇帝拿破仑。拿破仑的态度和蔼，谈吐不凡。当时他的身体还没有受到病痛的侵袭，然而，他的内心深处一直在愤怒地撞击着囚禁他的那一道无形的铁窗。他厌恶朗伍德宫的狭小和潮湿，想摆脱这样的处境，但却无能为力。作为来访者，阿美士德使团是自由的，他们不必住在朗伍德宫。阿美士德反而还认为拿破仑住的地方"既方便又体面"，并且认为"他的抱怨毫无依据，很不合理，非常荒谬"。当然，只有阿美士德才是抱怨方面的权威，无人能比。

1817年8月17日，阿美士德使团终于回到了英国南部的斯皮特黑德。1816年的2月8日他们就是从这里启程的。在过去的18个月里，他们穿越了四大洲，走过了很

多国家和地区，却所见甚少，收获甚微。然而这在英国国王和英国民众的眼中却并无大碍。小斯当东后来被推选为议会议员。阿美士德则被任命为印度总督，这一重要的职位提升了他的尊严，让他从在中国遭受的打击中迅速、彻底地恢复过来。东印度公司支付了阿美士德使团访华的全部费用。但是从此之后，东印度公司再也没有请求过英国政府派遣外交特使出使清政府，他们可能认为，阿美士德的这次出使造成了巨大的浪费。

第六章
最后的狩猎

第六章　最后的狩猎

时光荏苒，岁月如梭。嘉庆在龙椅上已经坐了将近四分之一个世纪。不久，他就要庆祝自己的60岁大寿了，但他仍然声称自己宝刀未老，能够一如既往地骑马、狩猎，批阅奏折时依然精力充沛。他的两个兄长一个已经年过七旬，另一个也已经68岁了。在健康长寿方面，他们这一代似乎有望和上一代人相媲美。总体来说，尽管有懒惰无能的大臣、挥霍无度的宗室、顽固不化的外国使臣，嘉庆仍然觉得活得非常惬意，乐于继续统治，至少再统治20年也没有问题，毕竟现在的一切都比刚开始的时候要顺畅得多。

嘉庆有时可能还会发怒，甚至还会咆哮，但是他和大臣们已经相处了这么多年，一起慢慢变老，早已习惯了彼此的脾气秉性。所有的考验都已经过去了。国内的叛乱已经被平息；东南沿海猖獗一时的海盗已经被消灭；罪大恶极的天理教袭击皇宫事件也已随着时间的流逝而逐渐被淡忘；至于旱涝灾害的损失，亲人离世的痛苦，虽然此起彼伏，但也同样消失在不可逆转的时光隧道里。时间教会了他这么多，尽管也只教会了他这些。

嘉庆继位之后，在执政的第一个10年和最后一个10

年所颁布的法令之间有一点惊人的相似之处，那就是具有同样的信念、偏见和习惯。在他60岁寿辰的时候，他还在为王公大臣们进献太多的玉如意而感到烦恼，这与他在40岁生日时遇到的烦恼是一样的。

1820年，在和珅曾经的府邸中——嘉庆已经将其赐给最小的弟弟永璘作王府了，居然又发现了和珅私藏的皇室御用灯笼和其他随身物品，这让嘉庆对和珅的愤怒之火又和21年前一样熊熊燃烧起来。嘉庆恨不得再杀和珅一次才能解心头之恨。他没有原谅任何人，也没有后悔过。的确，他为什么要原谅和后悔呢？回顾这20多年来的统治，嘉庆可以实事求是地说，他已经算得上是先帝的伟大遗产的忠实继承者了。国家、宫廷、百姓、礼俗、艺术和学术，所有这一切他都维持得很好，几乎都和父亲托付给他的时候一模一样。他确实从未发动过战争，没有进行过领土扩张，但是也没有丧失过一寸土地，甚至连那些被风和河流带进大海的沙土最终也只是被添加到了缓慢增长的海岸线上。

嘉庆的确很幸运。在他统治时期，欧洲正在拿破仑的铁蹄之下颤抖，自顾不暇，没有时间和精力继续进行由西班牙帝国掀起的大规模殖民扩张活动。至于邻邦诸国，由

第六章 最后的狩猎

于乾隆时期的八旗军队在与之交战中取得了辉煌的战绩，时至今日威慑犹在，无一再敢贸然进犯大清帝国。因此，嘉庆特别有安全感，从而意识不到在风景如画的看台上检阅军队，无论有多么完善的定期阅兵制度，都不可能使军队保持与真正作战或大规模演习时一样的状态和水准。然而嘉庆并不在乎这些，战争和大规模演习耗资巨大，而且会抬高军队的地位。嘉庆讨厌花钱，潜意识里对军队还有些畏惧。他从来没有想过要像他的父亲那样指挥军队，抵御外敌，开疆拓土，尽管他总是公开表示从未违背过先帝所创立的先例。

嘉庆在私下里无疑会认为自己在某些方面甚至做得更好。他完成了圆明园里中断的工程，尽管远方的行宫已经因年久失修而废弃了；他修复了山东的两座孔庙，修缮了北京的城墙。此外，他在清西陵为自己修建的陵墓，规模几乎与他的祖父雍正帝的陵墓相同。这样做其实是有违孝道的，而孝道正是清朝统治的基石。在1817年颁发的一道诏书中，嘉庆这样写道："大清自开朝以来，开国皇帝和历代祖先都以孝道统治国家。在所有美德中，孝道是第一位的，是我们首先要学习的。孝字被庄严地铭记在已故祖先的谥号之中。孝道发根于宫廷之中，满溢于四海之内。

老吾老以及人之老,先尊敬自己的长辈,然后推己及人,也要尊敬所有的长辈。这就是让天下太平、万物安宁的秘诀所在。"

嘉庆写的每一个字都是发自肺腑的。尽管他并不是一个伟人,但他绝不会不明白这样一个道理:在他个人的权力范围之外,还有高深莫测的巨大力量在发挥着作用。有之相助则能够创造奇迹,与之对抗则会带来毁灭。嘉庆非常重视仪式和礼仪,将其看作天子最基本的职责之一,一直在认真地履行着。从本质上讲,这是源于对宗教的虔诚信仰,源于对永恒和未知的真心敬畏。有一次,嘉庆在明永乐皇帝的墓前献上一杯酒之后,从高处向下望去,群山环绕,层峦叠嶂,他"深深感受到了群山在绵亘中诉说着曾经的辉煌与悲壮"。北方山脉的宏伟壮丽也使他感觉到在这孤独高耸的山峰之上的确会有神明的存在。他立刻命礼部查明古代是否有过祭拜这座山的山神的特殊仪式,如果有,就立即恢复;如果没有,就立即创建。多年前,即1801年,嘉庆曾经在玉泉山龙神庙举行过一次祭天求雨的仪式,龙王满足了嘉庆的愿望,奇迹般地显灵,"当天就降下了比露水还甘甜的大雨,并且持续了一整夜",这让所有的官员和百姓都再也没有理由去怀疑皇帝的虔

第六章　最后的狩猎

诚之心了。

毫无疑问，嘉庆的"泛神思想"认为神内在于自然界的河流和高山之中，而他作为天子，是天道的诠释者。嘉庆笃信伟大的精神实体与壮丽的物质实体相互融通的同时，并不排斥对不同起源的宗教的虔诚信仰，因为这些宗教的核心思想都是在阐发一些伟大先知的教义，如孔子的理想主义、老子的神秘主义和佛陀的慈悲之心。

嘉庆有时会在金黄的暮色中去紫禁城外美丽的雍和宫斋戒，也经常在紫禁城内的圣殿里拜神祭祖。在朝拜中国北方的佛教圣地——五台山时，嘉庆曾公开宣称，祭神拜佛就是为黎民百姓祈福，这是他永远不会推卸的责任。当发生旱灾时，百姓期盼的雨水常常在他虔诚地拜神祈祷之后降临，因此，他觉得自己在人类与神灵之间公正而充分地履行了调解人的职责，神灵用广阔坚实的土地填满了下层空间，并在上面勾勒出了无边无际的明亮的地平线。

嘉庆也是一位非常务实的皇帝。每当他的子民遇到大灾大难，需要朝廷援助之时，他都会采取一些很实际的措施来帮助他们。他不止一次地减免赋税，把粮食、银两和种子分发给遭受突发性灾害或常年受旱灾困扰的地区。摆在嘉庆面前的最严重的问题是人口增长的速度超过了粮食

供应的速度。在他执政的第4年，人口普查登记的全国人口总数还不到3亿，而在他执政的第23年，人口增加了将近4900万。这意味着遇到收成不好的年份，百姓将面临严峻的生存问题，除非开垦更多的土地耕种农作物。开辟耕地正是嘉庆所采取的补救办法，因为他还不知道现代国家在类似情况下所能够采取的其他措施。

在东北地区，大片的荒地被开垦，并被军队所管辖。流刑是清朝的五大主刑之一，为了严惩罪臣，尤其是反叛的教徒，常常把他们流放到伊犁及其邻近的地区，这也成为缓解部分省份人口过剩问题的一种手段。在京城附近地区，嘉庆还大大缩小了西陵围墙外的皇陵禁区的范围。在清朝时期，西陵的风水围墙外设有广阔的禁区，设置层层保护边界，严禁平民百姓闯入，违者将会受到严惩。禁区内设立有红、白、青三种颜色的木桩，用来标志不同的边界。风水围墙是最内环的保护边界；风水墙外约1里[①]设立红色的木桩，为第二层保护边界；红桩外约40步设白桩，是第三层保护边界；白桩外约10里设青桩，为第四层保护边界；青桩外开辟20里的官山，是西陵最外围的

---

① 1里＝500米。

第六章　最后的狩猎

禁区。木桩上悬挂禁令：任何军民人等，不得于桩内取土取石、设窑烧炭、砍伐树木等，违者严惩治罪。

1805年，有大臣向嘉庆禀报，住在皇陵禁区附近村庄的村民擅自闯入禁地的事件越来越多，很难有效制止这种行为同时又不引起民怨。嘉庆对扰乱秩序的人深感厌倦，对他来说，增加潜在的纳税人无疑比增加潜在的反叛分子对朝廷更有利。于是，嘉庆下旨在更靠近风水围墙的地方重新设立红桩，并且将原来的红桩涂成白色，原来的白桩涂成青色，将原来的青桩完全移除。这样一来，禁区的范围就大大缩小了，原来青桩所包围的很多土地都还给了当地百姓作为耕地使用。

当然，所有这些解决办法都只是临时性的。尽管寻找永久性的解决办法是经常被谈及的话题，但是何时才会真正实现呢？相对于为了遥远的不知能否实现的目标去开拓创新而言，保守谨慎的态度更容易让人接受。嘉庆出生在一个过于安逸而不渴望改变的时代，所以他选择了遵循祖制，沿着前人的足迹而行。作为一个心甘情愿的追随者，嘉庆喜欢效仿伟大的父亲乾隆帝的行为方式。他有时会让人给他换上一身具有古代学者气质的装束，安静地待在一个简朴的楼阁里沉思，冬日的风雪从敞开的门吹了进来，

他也丝毫感觉不到。或者，依旧是纯粹的模仿，嘉庆也会摆放精美的花瓶、玉石和青铜器，将自己置身于艺术氛围浓厚的环境之中，尽管他并不像他的父亲那样热衷于这些东西，更不像他的父亲那样崇尚艺术。

当画师为嘉庆画像时，他会更自在地表现出自己的爱好。在画中，嘉庆或者在挥毫泼墨，或者在花园中欣赏美景，享受惬意的时光，如同一个自豪而慈祥的父亲，身边有4个品行端正的儿子陪伴，画的背景是一片盛开的典雅高贵的牡丹和一些形态各异的岩石。每一幅画像都展示出一张明朗而坚毅的脸庞：饱满的嘴唇，方正的下巴，大大的耳朵和眼睛，圆润的脸颊。虽然他的眼睛里没有和蔼可亲的目光，但他的脸上也没有任何倦态和颓废之感。嘉庆虽然没有极高的天赋，也不是天生的统治者，但是他仍有勇气和能力使自己足够强大，以确保满朝臣子都服从于他。此外，他所颁布的诸多政令都充分体现了他与先祖们一样的远见卓识和明察秋毫。他的统治日臻成熟，终于没有辜负乾隆帝在禅位之前亲自为他选定的年号——嘉庆，寓意为"国泰民安，普天同庆"。

假如嘉庆曾经停下脚步总结自己的人生经历，他很有可能会对自己的人生感到百分之百满意。他当然有充分的

第六章　最后的狩猎

理由感到满意。命运是如此眷顾他,使他的父亲在众多儿子里选中了他,认定他为最合适的皇位继承人。在其他方面,嘉庆同样也很幸运:他有健康的身体、幸福的家庭、众多孝顺的儿女、性情温和的皇后以及供他在愤怒时发泄情绪的诸多替罪羊;在他统治期间,没有骇人听闻的大灾大难,没有咄咄逼人的邻国侵犯,虽然也曾发生过相当严重的叛乱,但最终都被朝廷成功平定,并维持了长时间的和平、稳定和繁荣。除此之外,也许嘉庆认为他最大的幸运是能够控制好内心的欲望和荒诞不经的想法,不让它们赶走自己的好运,或是影响到工作与休闲、运动与休息之间的完美平衡。

依据祖制和惯例,一整年的详细计划都会被提前安排妥当,几乎每个月都会随季节性的规律举行一些特别的活动。正月,嘉庆会为有功之臣加官晋爵,王公大臣会进献新年礼物,其中就包括不可或缺的但却最让嘉庆感到头疼的玉如意。皇宫里会大摆宴席,张灯结彩,燃放烟花,到处都洋溢着新年的气氛。二月,嘉庆会坐在一张铺着黄色锦缎的桌子后面,打开一本经典古籍,进行详细阐释,大臣和学子们安静地站在他的面前,恭敬地聆听皇帝的智慧之言。三月,寒冷的冬季已经过去,炎热的夏季还

未来临，大地一片生机勃勃的景象。于是，这个月的活动也被安排得满满当当：拜谒祖陵，检阅军队，到先农坛亲耕籍田，去南苑围场行围狩猎。如果春天的雨水还没有如约而至，还要去拜神祈雨。到了四月份以后，天气逐渐炎热，雨水增多，预示着夏季的到来，主要的户外活动基本都在圆明园内：乘坐雕梁画栋的舫船，荡漾在烟波粼粼的湖中，看翠鸟舒展蓝色的羽翼时而从湖面一闪而过，留下莲花朵朵，含苞待放，粉嫩娇艳。除了游湖赏景，吟诗作画，嘉庆每日仍然会勤勉地批阅奏折，处理国事。

七月，除了少数人马留守紫禁城外，几乎整个朝廷都迁到了热河行宫，那里风景如画，气候宜人，是皇家避暑胜地。在木兰围场进行数周的狩猎之后，他们将于9月返回紫禁城。十月，为了给嘉庆庆祝生日，皇宫又将大摆宴席，玉如意作为最主要的礼物又会源源不断地送进宫来。按照惯例，这一天会在中海西岸的紫光阁举行射击比赛，嘉庆也会在紫光阁的白色大理石平台上亲自观赛。冬至通常都在十一月下旬到来。在冬至这一天，嘉庆会去天坛的圜丘坛举行盛大的祭天大典。十二月，朝鲜和琉球群岛的贡使会前来朝贡，这些受欢迎的使臣自然会受到盛宴款待。这个月也是向朝廷呈报人口统计结果的时候，这个统

第六章　最后的狩猎

计数据是衡量政府一年工作成效的标准之一。接着又到了下一年的正月，皇宫里将会有更多的宴会，嘉庆也会收到更多的玉如意。

一切都在有条不紊地进行着，嘉庆也一直勤政爱民，认真履行着自己的全部职责。因此，他觉得长寿之神没有什么理由不像眷顾他的父亲那样垂青于他。然而，嘉庆二十三年（1818年），天上突然出现了一些不祥的预兆，增加了未来的不确定性。首先是4月的一天发生了一次日全食；紧接着，几天之后的凌晨5点，又突然狂风大作，呼啸着欲将地面上的一切连根拔起。这对于已经饱受干旱之苦的果树和庄稼来说更具有毁灭性。嘉庆不得不先后两次虔诚地向龙王祈雨，才将龙王从麻木中唤醒。而在此之前，嘉庆刚刚发现，皇四子绵忻虽然已经14岁了，但仍然写不出老师们所期望的诗文，这让他既惊讶又恼火。

嘉庆曾经颁布过一道倡导勤奋刻苦学习的谕旨，但似乎没有达到预期的效果。这道谕旨的副本被挂到了四皇子读书的地方，于是这位年轻人每天都能读到下面这些内容："如果皇子皇孙每天早上5点进入上书房，下午5点离开，却在这段时间里没有百分之百地投入到学习当中，就等于是在浪费自己宝贵的时间和生命。不思进取，没有

上进心，你们真的想这样吗？诗文写作能够让思路更加清晰，阅读经典可以养心怡性，学习历史可以增长见识，每日所学皆可丰富你们的智慧储备。刻苦学习的好处和重要性是难以言尽的。今后，二皇子和三皇子每天要写1首诗，每3~5天要写一篇文章。学业的精深在于勤奋，嬉戏贪玩只会荒废学业！"

的确，嘉庆在读书时就完美地达到了这些要求。他似乎真的把所有精力都投入到了读书当中，而且十分敬重他的老师朱珪。乾隆帝很赏识朱珪，曾经夸赞他"不惟文好，品亦端方"。1806年，朱珪因病去世，嘉庆亲自前往祭奠，追赠太傅，赐予"文正"的谥号。朱珪一生清操亮节，正如挽诗中所写："半生唯独宿，一世不言钱"。很多年之后，嘉庆依然十分怀念他的恩师。朱珪的墓地距离清西陵不远，在他去世10周年的祭日，嘉庆亲自来到他的墓前祭奠，不仅是为了向死者表示敬意，同时也是为了公开表明他对正直和博学之士的高度尊重。

因此，当嘉庆发现皇四子绵忻在学习方面不思进取时，确实十分恼火。作为嘉庆的儿子，绵忻自然是一个非常聪明的孩子，只是在窗外阳光明媚之时，他无法踏实地坐在上书房里啃读呆板单调的古诗文，这只能归咎于他的

第六章 最后的狩猎

老师。显然，皇四子的老师与嘉庆的"文正"太傅是无法相提并论的。这位可怜的老先生，尽管已经呕心沥血、尽其所能地把书本知识讲授给这个心不在焉、极不情愿的学生，但还是被无情地辞退了。后来翰林院又精心挑选出3名德高望重、博古通今的大学者，供皇帝从中挑选1位来填补空缺。于是，这场小小的风波就这样结束了，没有再给这一年的平静生活掀起更多的涟漪。

正如嘉庆在另一则诏书中所提到的那样，皇子们其实并没有制造过真正的麻烦。他们性格温顺、声音柔和、举止得体，和他们的曾曾祖父康熙帝的儿子没有任何相似之处。康熙帝的儿子一个个都像年轻的雄鹰一样，野性十足。他们喜欢使用武力，会鞭打侍从，责骂大臣，脚踢官员，谁敢干涉他们高贵血统中的原始野性，一定会受到暴力对待。从康熙末年到嘉庆二十四年之间的那个富裕的世纪里，时代也发生了变化。事实证明，嘉庆是一个非常幸运的人，或者是那些不祥的预兆本身就没有任何意义，或者是他对宗教仪式的格外重视帮助他避免了它们所预示的灾难。

嘉庆二十四年（1819年）十月初六，这位皇帝迎来了他的六十大寿。虽然嘉庆一直崇尚节俭，但是中国人向

来很重视花甲之年，在避免铺张浪费的前提下还是要举办尽可能盛大的庆祝活动。幸运的是，乾隆时期留下来了大量的羽扇、油伞、灯笼以及庆典所需的其他物品，因此就不需要再买新的，只需涂上新漆就可以焕然一新了。就这样，数量惊人的彩绘灯笼被高高挂起，点亮之后鲜艳夺目，格外喜庆。灯笼上面的红色缨穗在微风中轻轻摇曳，与金銮殿前闪闪发光的琉璃瓦、朱红色的柱子和金灿灿的铜狮子一起，构成了一幅色彩绚丽的画面，洋溢着欢乐祥和的气氛。

嘉庆的生日宴在乾清宫举行，皇子皇孙、王公大臣、外藩使节齐聚一堂。嘉庆坐在金漆的宝座上，他的黄色龙袍上布满了华丽繁复的刺绣，皇冠上的大东珠熠熠生辉，这颗珍珠曾经为和珅所有，而和珅的东珠朝珠此时也同样佩戴在嘉庆的胸前。所有人都恭敬地跪在他的脚下。此时此刻，嘉庆应该对自己的命运感到十分满意，并且感恩上天赐予了他无上的权力和60年的生命——中国人认为，每60年是一个轮回，然后又周而复始。一切都是那么顺利。也许是因为已经收到了太多象征吉祥的玉如意，嘉庆采取了措施，限制了有资格进呈玉如意的官员的级别和数量。这样，在他今后的寿辰之时就可以少收到一些了。他

第六章 最后的狩猎

无疑还会继续举办很多个生日宴席，因为长寿的迹象是如此之多，每一件昂贵的礼物也都会是吸引好运的磁石。

然而，好运到此却戛然而止。就在第二年，即嘉庆二十五年（1820年）的正月，嘉庆最小的也是他最宠爱的弟弟庆郡王永璘突然病倒了。尽管嘉庆多次派皇子们去探望他，甚至还有一次亲自前去探望，但是永璘没有任何康复的迹象，他的病情还是每况愈下。心急之下，嘉庆想到了一个好主意，他将一生都没什么功绩的永璘破格晋封为庆亲王。嘉庆觉得这么高规格的恩宠一定会让弟弟感到喜悦和满足，也一定会产生极大的鼓舞和激励作用，也许能有利于他的康复。于是嘉庆立即派皇子给永璘送去这个好消息。但遗憾的是，听到这个好消息之后，永璘的病情非但没有好转，反而越来越严重，逐渐走向了生命的尽头。曾经看起来无比重要的官职和爵位，现在对他来说都已经不再有任何意义了。此时的嘉庆又想到了另一个好主意。他派另一名皇子去告诉永璘，朝廷知道他的王府在经济方面存在困难，"将帮助他妥善处理"。嘉庆确信，尽管他这样做可能仍然无助于治愈弟弟的身体，但一定会给他的心灵带去一些慰藉。这一次，嘉庆的心愿应该达成了。在同年春天的一个清晨，55岁的永璘永远离开了人间。当

他自由了的灵魂从病榻上飞走的时候，一定也是满怀感激之情的。

　　嘉庆正在东陵拜谒父亲的陵寝，他感到四周都充满了阴郁的气氛。一想到刚刚离世的弟弟，嘉庆更加悲伤难耐，心情格外沉重，真正尝到了心痛的滋味。"以往朕赴东陵拜谒的时候，常常会让永璘陪我同行；当朕驻跸盘山行宫的时候，同样会让他与我为伴。这一次，当朕再来这里的时候，一切看起来都和从前一样，但是永璘却不在了。想起从前相伴的所有时光，朕感触良多。等朕回京之后，要亲自去庆亲王府赐奠。在朝阳门不可再举行常规的迎接仪式，所有官员都要穿黑色长袍，摘掉花翎。朕要先在雍和宫住一个晚上，一个人静一静，不想受到任何打扰，次日再返回圆明园"。

　　六月二十四日，百日孝满，永璘的子女进宫谢恩。庆亲王的长子袭封庆郡王。次子绵悌天资聪敏，虽然只有 10 岁，但满语和汉语皆已对答如流，《论语》也已读至过半。嘉庆很喜爱这个侄儿，加恩让他在上书房伴读。嘉庆还收养了庆亲王的第 5 个女儿，将她接进宫中由皇后抚养。

　　这些事情过去之后，七月悄然而至，又到了巡幸热河举行木兰秋狝的时间。七月十八日，嘉庆率领皇子、王

第六章　最后的狩猎

公大臣、马队辇舆，浩浩荡荡向热河进发。根据中国的传统历法，此时秋天已经开始了，但是酷热仍在持续。一路上，天气异常闷热，随时都有下暴雨的可能。这样的天气对于容易中风的人来说是十分危险的，而嘉庆正属于这种易于中风的体质。从画像中可以看出嘉庆的体貌特征：脸颊丰满，脖子短粗，身形胖硕。肥胖本来就容易引发中风，而且中风还有一定的家族遗传倾向，他的家族中确实有此类病史。努尔哈赤的继承人皇太极就是突发中风与世长辞的，嘉庆的祖父雍正帝也是因中风而逝世的。六十大寿时的兴奋，弟弟过世时的悲痛，这样大喜大悲的情绪变化可能也给嘉庆的身体带来了很大的伤害。如果当时的天气能够更凉爽一些，热河地区纯净的空气无疑会使他的身体恢复健康，或许嘉庆就能如往年一样精力充沛地返回紫禁城了。然而，嘉庆当时不得不继续在闷热的天气里赶路，但他仍然能够亲自骑马翻越广仁岭。广仁岭是一座险峻的山岭，它就像一个哨兵，自豪地守卫着热河这个人间仙境的入口。

根据宫廷档案记载，嘉庆在离开紫禁城的第7天，也就是七月二十四日，开始感到身体不适。他的继任者提到他一共病了3天，于二十五日驾崩。所以他第一次中风应

该是在二十三日,二十四日病情突然加重之后,他生病的消息才被公之于众。嘉庆抵达热河行宫时就感到痰气上壅,到了晚上越来越严重,但是,此时的他仍在坚持处理政务。次日,即七月二十五日,他开始出现昏迷的症状,但似乎还保持了一段时间的神志和意识。一场憋了许久的暴雨在那一天倾盆而至,在电闪雷鸣的夜里,嘉庆躺在龙床上再也没有醒过来。皇子和王公大臣都陷入了极度恐慌之中。民间之所以会出现嘉庆遭雷击而死的传言,原因就在于此。

后来又出现了更多添油加醋的谣言,这些谣言永远都比平淡无奇的真相更吸引人。有传言说,嘉庆有一个男宠,在抵达热河行宫后,他们在烟波致爽殿后的小楼里寻欢作乐。这种行为违背了古代圣贤倡导的道德规范,为上天所不容。上天为了明确表示对他的强烈不满,派遣雷神烧毁了他罪恶的身体,以至于最后无法收殓入棺。几天之后,嘉庆的梓宫从京师运来,为了掩盖这个惊天秘密,避免引起人们的猜疑,陪伴嘉庆身边的近臣立即将一个与嘉庆同等身材的太监杀死,先对其尸体进行了防腐处理,然后将衣冠穿戴整齐,便匆忙放入了梓宫之中。这些内容在任何史书当中都没有记载,显然都是来自一些人的想象和传播,他们的目的就是在道德上摧毁那些令人羡慕或令人

第六章　最后的狩猎

恐惧并也因此令人深恶痛绝的位高权重之人。在嘉庆执政的25年间，类似的传言一直没有中断过，即使在他驾崩之后，也依然层出不穷。

事实上，我们没有任何理由不相信历史给出的解释。在嘉庆的告别遗言的结尾部分有一段个人注释，这证明了尽管其他部分很有可能是他之前写的，或者是他的继任者写的，但最后这几句话肯定是他弥留之际在病榻上口述的："朕得到了至高无上的皇位，已经度过了60年难忘的人生岁月，朕没有理由抱怨。如果朕的继任者能够证明他有能力继续维持太平盛世的话，对朕来说就是莫大的安慰。即位之后，朕供养了两位皇兄，照顾了皇弟。今年春天皇弟已经先走一步，只剩下两位兄长了。朕多想和他们再见一面，可惜已经没有机会了。他们都被罚扣年俸，朕已经宽恕他们了，惩罚就到此为止吧。古代，君主经常死在狩猎场上。朕每年都会来到这座位于滦河岸边的热河行宫，朕的祖先和父皇的灵魂都在这里，朕怎么会感到害怕呢？"可以想象，嘉庆当时已经渐渐没有了说话的力气。

皇次子绵宁和皇四子绵忻出于孝道，不眠不休，从早到晚不知疲倦地照顾父亲，直到次日下午。但嘉庆的病情

依然没有好转的迹象。此时的他想起了朝廷曾经花大力气修建的黄河大堤已经两次被河水冲毁了，朝廷今年又下拨了修堤固坝的银两，秋天必须重新开始必要的修缮工作。他还想起了大臣之前向他禀报，今年的秋粮一定会迎来大丰收。这让他一直以来所追求的让百姓丰衣足食的目标又向前迈进了一步。没有什么能比让百姓吃饱饭更重要的事情了，只有这样国家才能够保持和平与稳定，这是帝王统治的秘诀。嘉庆要让将来继承皇位的皇子时刻铭记这一点。让嘉庆感到安心的是，他是一个孝顺、睿智、仁慈、勇敢的皇子，将传国玉玺交到他的手里会很安全的。

嘉庆预感到自己快要不行了，是时候宣布由哪位皇子来继承皇位了。嘉庆最信任的心腹大臣都被紧急召集过来，包括3位总管大臣、4位军机大臣和2位内阁大学士，其中就有曾经被阿美士德使团搞得焦头烂额的和世泰公爵。当他们走进西暖阁的时候，皇次子绵宁因为一直守在父亲病榻旁整夜未眠，已经疲惫不堪，晕了过去。当时，嘉庆的意识还比较清晰，但也只能用手势示意他们打开装有立储密旨的鐍匣。不出所料，储君正是皇次子绵宁，嘉庆对他一直十分宠爱，曾经夸他"忠孝兼备"。

这是嘉庆皇帝的最后时刻。然后，龙车便载着他驶离

第六章 最后的狩猎

了现在的黑暗和未来的不确定，回到了过去的辉煌。在这个初秋的雨夜，随着嘉庆的猝然离世，他的统治时代也骤然结束了。智亲王绵宁此时已经泪流满面，他很快将成为大清朝的第8位皇帝——道光帝。也许是真的极度悲伤，他无力地瘫倒在坚硬的地板上，痛不欲生。由于天气炎热，尸体很快就会腐烂，绵宁派人600里加急赶回紫禁城送信，让留在宫中的王公大臣马上准备好一口精美的棺椁，加急运送至热河行宫。绵宁叮嘱他们必须以最快的速度行进，轮流抬棺，日夜兼程，一刻也不要停歇。按照传统习俗，这口棺椁应该在很久之前就准备好了。棺椁的运送速度确实快得惊人，嘉庆在驾崩6天之后终于得以入殓。他的梓宫被暂时安放在澹泊敬诚殿，这个宫殿由珍贵的楠木建成，也叫楠木殿。待回京沿途的各个停靠地点都搭建好席棚之后，嘉庆的梓宫终于在八月二十日从澹泊敬诚殿起灵。抬棺的队伍十分庞大，缓慢地向前行进着。这一次，不需要再匆匆赶路了，时间已经不再重要了。

经过10天的长途跋涉，嘉庆的梓宫终于被运回了紫禁城，安放在乾清宫内。嘉庆生前的最后一个生日——六十大寿，就是在这里度过的。25年前，他的父亲乾隆

帝的梓宫也曾经被庄重地停放于此。8个月后，在春暖花开的时节，昌陵地宫沉重的石门在嘉庆的身后重重地合上了，他和他的第一位皇后在"千年不灭，永久不熄"的油灯的陪伴下，永远地长眠于此。

在概括嘉庆一生功绩的颂词里，人们称赞他像上苍一样仁慈，将天子的恩泽遍布四方。"他安定边界，平定乱匪。他对囚犯亦怀怜悯之心，更饱含对民生的关切之情。他诏求直言，广开言路。他整饬吏治，任人唯贤。他重视治河，减轻洪灾。他拨银千万，赈济灾民。他身先节俭，崇奖清廉。他六十大寿之时，减免赋税千万余两，却拒绝接受贵重的生日礼物。在他统治的25年间，他严于律己，勤政爱民，励精图治。如果不具备堪比圣贤的美德，他怎能取得如此之多的成就？"比起那些诋毁嘉庆的言辞，这些颂词的确更接近于事实。当然，用堆积如山的赞美之词来掩盖逝者的缺点，这是人之常情。然而，即使颂词当中不乏奉承之辞与粉饰之语，当后人称嘉庆为"受天兴运敷化绥猷崇文经武孝恭勤俭端敏英哲睿皇帝"和"仁宗"时，他的谥号和庙号还是名副其实的。